徴として

天皇、皇后両陛下は
なぜかくも国民に愛されたのか

毎日新聞社会部

毎日新聞出版

はじめに

天皇、皇后両陛下は多くの人をひきつける。

両陛下の発言や行動に注目が集まり、行く先々で歓迎される。取材で両陛下の旅に同行すると、空港や駅にはいつも、「ようこそ両陛下」などと書いた横断幕を掲げて出迎える人々がいる。沿道にもお二人を一目見ようという人々が詰めかけ、車列が通り抜けた後は手を振り交わした人々の弾ける笑顔があった。

2016(平成28)年8月、陛下は退位の意向がにじむビデオメッセージを公表された。すると、毎日新聞の世論調査(同年9月)では、8割強が退位に賛成した。老いの実感を吐露し、象徴としての役割を十分に果たせなくなるのではないかという不安を語られる陛下に、多くの国民が共感を寄せた。

そして、退位が迫る2019(平成31)年1月2日。平成最後となる新年の一般参賀には、過去最多の15万4800人が皇居を訪れた。前年の12月23日、同じく平成最後となる誕生日の一般参賀も、過去最多の8万2850人を記録した。「一目でもお会いしたくて」「両陛下の姿を目に焼き付けたくて」――。平成の終わりを惜しむ人々が詰めかけた。

人気の源はいったい何なのか。人は何にひきつけられるのか。それを読み解く手がかりは、象徴の務めとして各地を旅された陛下と皇后さまの歩みの中にこそあるのだろう。

陛下の退位に向けて世の中が動き出した頃、毎日新聞の皇室担当記者は、その動きや両陛下の歩みを振り返る取材を進めることになった。

しかし、担当記者には、陛下や皇族方の地方訪問や式典出席などの活動に同行取材はできても、声をかけてはいけないというルールがある。政治家を取り巻く「番記者」の映像を見たことがあれば意外に思うかもしれないが、担当記者は両陛下を間近に見ることができるものの、お二人の考えを気兼ねなく聞けるような交流が生まれるわけではない。胸の内を聞けるのは、誕生日などにあわせて開かれる記者会見や文書回答に限られている。象徴としてどう在りたいのか、どんな思いで各地を旅してきたのか、なぜ退位を望むのか——。沸き起こるたくさんの疑問を直接にぶつける機会は少ない。もどかしさを抱えながらの取材が続いた。本書は、その取材をまとめた毎日新聞の連載「象徴として」を軸に構成している。両陛下の歩みを改めて紹介するために始めたもので、お二人と心を通わせた市井《しせい》の人々の体験や思い出をつむいでいった。交流した人たちを訪ね歩き、交わされた言葉を拾い集め、両陛下の足跡をたどった。

退位まで2カ月あまりと迫った在位30年記念式典で、陛下は「象徴としての天皇像を模索する道は果てしなく遠く……」と実感を語られた。かつて「天皇という立場にあることは、孤独とも思えるものですが、私は結婚により、私が大切にしたいと思うものを共に大切に思ってくれる伴侶を得ました」と述べられたこともある。本書は、日本国民統合の象徴である天皇と、皇后という唯一無二の立場で、その在り方の模索を続けながら歩まれたお二人の静かな闘いの記録でもある。その記録をたどると、多くの国民をひきつける理由が見えてくる。

※本文中は敬語を省略しています。

象徴として　天皇、皇后両陛下はなぜかくも国民に愛されたのか　目次

第五章▼支え合って……147

装丁／重原 隆
カバー写真／武市公孝
本文写真／毎日新聞社、共同通信社
本文デザイン・DTP／明昌堂
校正／田中芳秀

第一章 ▼ 向き合う

あふれる沖縄への思い

天皇陛下は皇太子時代を含め、これまでに11回、沖縄県を訪ねた。退位を前にした2018（平成30）年3月にも陛下の意向で訪問が実現したことや、同年12月の最後の記者会見で沖縄に寄り添い続ける意志を表明したことなどは、沖縄への思い入れがいかに強いかを示している。

陛下の沖縄への思いは、そこで暮らす人々がたどってきた歴史と切り離して語ることはできない。太平洋戦争末期、本土防衛のための「捨て石」のような地上戦で住民が巻き込まれ、戦後は米軍占領下となって基地が置かれた。天皇制に対して戦争責任論を含むさまざまな意見があり、昭和天皇の沖縄訪問は実現しなかった。1987（昭和62）年、第42回国民体育大会にあわせて訪問する計画があったが、直前に体調を崩して手術を受け、中止になった。昭和天皇は無念の思いを「思はざる病となりぬ沖縄をたづねて果たさむつとめありしを」と歌に詠んだ。

こうした背景を踏まえ、陛下の沖縄への関心の強さを「昭和天皇の名の下で起きた戦争への贖罪《しょくざい》の気持ちがある」「父が果たせなかった訪問を成し遂げたいという責任感がある」と論評する向きもある。しかし、遺族や戦争体験者、県民ら一人一人と丁寧で深い対話を積み重ねてきた陛下の姿を知れば知るほど、「贖罪」や「責任感」などの言葉に違和感を覚える。戦中戦後の苦難の歩みを深く理解する陛下にとって、あふれる沖縄への思いは自然な感情なのではないだろうか。

陛下はかつて、沖縄の情勢に踏み込んだ発言をした。1996（平成8）年4月、国賓として来日中のクリントン米大統領と面会した際、「沖縄の人たちの気持ちに配慮しながら両国政府の間で十分協力して解決の方向に向かっていくことを願っています」と話したのだ。日米間で普天間飛行場など基地の整理・縮小が議論されていた時期で、陛下が政治性のある話題に触れるのは異例だった。明らかに基地問題を念頭に置いたギリギリの発言だったという。歴史を振り返るだけではなく、今を生きる県民にも向き合っているのだろう。

投げつけられた火炎瓶

歌声の響

だんじよかれよし《ダンジュカリユシ》の《ヌ》歌声《ウタグイ》の《ヌ》響《フィビチ》
見送る《ミウクル》笑顔《ワレガウ》目《ミ》に《ニ》ど残る《ドゥヌクル》

２０１９（平成31）年2月24日、東京・国立劇場に沖縄県出身の歌手、三浦大知さんの独唱が響いた。天皇陛下の在位30年を祝う政府主催の式典の場。ピアノとバイオリンの調べに乗った力強くも優しい歌声が１０００人超の聴衆を魅了し、天皇、皇后両陛下もにこやかに拍手を送った。天皇陛下は皇后さまに顔を寄せて言葉を交わした。首相ら要人のあいさつが続いた厳粛《げんしゅく》な式典の中で、硬い表情が続いていた陛下が顔を和ませた瞬間だった。

三浦さんが歌ったのは、陛下の詠んだ琉歌《りゅうか》に皇后さまが曲をつけた「歌声の響」。沖縄の苦難の歴史に強い関心を寄せる陛下が、琉歌などの歴史や文化を学び続ける中で生まれた楽曲だ。この歌を詠んだのは初めて沖縄を訪ねた後のこと。陛下には、長い歳月を経ても変わらない沖縄への思いがある。

両陛下が初めて沖縄を訪問したのは、お二人が皇太子ご夫妻だった1975（昭和50）年7月17日。沖縄が本土に復帰してから3年後にあたる年だった。

沖縄は、太平洋戦争の地上戦の舞台となって県民の4分の1が犠牲となっている。戦後は米軍統治下に置かれ、本土とアメリカの事情に翻弄《ほんろう》され続ける沖縄では、地上戦の生々しい記憶などから皇室への反発は根強く、県内の空気は緊迫していた。

「臨戦体制の警備陣／異様なふん囲気漂う」

「燃える沖縄に降り立つ／緊張しどおしの県首脳」

地元新聞の見出しからも、ものものしい警備の様子と張り詰めた空気が伝わってくる。戦後30年を経てようやく実現する皇族の訪問を歓迎しようとする県民も、抗議声明を出して反対集会を開く県民もいた。「異様」な雰囲気の中、事件は最初の訪問先、「ひめゆりの塔」の前で起きた。

両陛下が塔に花を捧《ささ》げ、拝礼した直後、すぐそばの壕《ごう》に潜んでいた男が火炎瓶を投げつけた。火炎瓶は両陛下からわずか数メートルの場所で炎を上げた。犯人は「沖縄解放同盟」などの活動家2人。東京都出身と沖縄県出身の当時20代。両陛下にけがはなかった。

「複雑」に込めた沖縄の思い

「慰霊されるお二人に、なんということを」

東京でニュースを見ていた元沖縄放送協会会長の川平朝清《かびらちょうせい》さんは衝撃を受けたという。川平さんは7月初旬、出発を控えた両陛下に東京・元赤坂にある東宮御所で会

ひめゆりの塔に拝礼する両陛下（1975年７月）

献花の直後、火炎瓶が投げつけられ炎が噴き上がった。
写真右下に壕に潜む犯人の姿が見える（1975年７月）

っていた。この時、陛下に「向こうに行かれたら不愉快な思いをなさることがあるかもしれません」と伝えた。皇太子来訪に抗議するデモなどを目にするだろうと予想したからだ。陛下は黙ってうなずいていたという。「危険な事態さえ、受け止める心構えでおられたのかもしれない」と川平さんは振り返る。ただ、この時、火炎瓶が投げつけられることまでは予想していなかった。

沖縄が本土に復帰した直後から、政府と県は昭和天皇の訪問を模索していた。だが、県民の複雑な感情を背景に実現は見送られた。1975（昭和50）年7月19日の沖縄国際海洋博覧会（海洋博）開会式は、皇太子だった陛下が出席することになった。戦後初の皇族の沖縄訪問という一大事を控え、陛下は県内の情勢や歴史文化を学ぶため、有識者らを次々と御所に招いており、川平さんはその一人だった。

陛下との面会で川平さんは「沖縄の人々は天皇家に対しての感情は非常に複雑なものがあります」と伝えた。天皇の軍隊だ、皇軍だ、と教えられた日本軍に沖縄は見捨てられたのだという思いがあった。その思いまでは語らなかったが、「複雑」という言葉に万感を込めたつもりだった。

　面会の数日後、川平さんは陛下の側近である東宮侍従から連絡を受けた。海洋博の開会式で述べる陛下の「おことば」の原案を見せられ、意見を聞かれた。「おことば」は、沖縄の地上や海が戦場になった歴史に言及しないあいさつだった。川平さんは「戦争の犠牲に明確に触れたうえで、平和希求の思いを込めるべきではないでしょうか」と率直な思いを口にした。

「『海』をテーマに開催された国際博覧会だった海洋博は、戦争と直接的な関係があるわけではない。それでも、戦後の沖縄で初めて皇族が「おことば」を述べるならば、そうするべきだと思った。

　ところが後日、提案されたような内容は反映できないと連絡があった。

「開会式は米国人の来賓もいるので、戦争に触れるのは穏当でないという意見の方がいました」

　東宮侍従は、この意見を述べた著名な学者の名とあわせて、川平さんにそう伝えた。

川平さんは「どうしてアメリカに遠慮しなくてはならないのか」と憤《いきどお》りを感じた。

一方で、皇太子という立場での発言には制約が多いのだろうと想像できた。心にわだかまりが残った。

県民に伝えられた陛下の談話

慰霊碑で火炎瓶が投げつけられたこの「ひめゆりの塔事件」ほどは知られていないが、その直前には、両陛下の移動中の車列に活動家が空き瓶などを投げ込む事件もあった。活動家による二つの事件は、県民から「暴挙だ」と非難を浴びた。当時の毎日新聞は「死んだ戦友が喜ぶはずがない」などの声を報じている。天皇や皇族に「複雑」な感情を持ちつつも、県民は活動家たちの凶行を許容したわけではなかった。

事件の日、白バイで陛下の車列を先導した沖縄県警の元警察官の男性は「空き瓶を投げられた直後こそスピードを上げたが、沿道の県民に手を振るため、あとはゆっくり走り続けた」と回顧する。両陛下は事件の後も予定を変更することなく、他の慰霊碑を回った。

そしてその夜、陛下は県民に対する「談話」を発表した。海洋博の開会式で述べる

「おことば」とは別物で、事件発生とも関係なく、当初から沖縄訪問初日の夜に県民に伝えることを予定していた陛下の思いだった。

「過去に、多くの苦難を経験しながらも、常に平和を願望し続けてきた沖縄が、さきの大戦でわが国では唯一の住民を巻き込む戦場と化し、幾多の悲惨な犠牲を払い、今日にいたったことは忘れることの出来ない大きな不幸であり、犠牲者や遺族の方々のことを思うとき、悲しみと痛恨の思いにひたされます。私たちは沖縄の苦難の歴史を思い、沖縄戦における県民の傷跡を深く省み、平和への願いを未来につなぎ、ともどもに力を合わせて努力していきたいと思います。払われた多くの尊い犠牲は、一時《いっとき》の行為や言葉によってあがなえるものではなく、人々が長い年月をかけて、これを記憶し、一人一人、深い内省の中にあって、この地に心を寄せ続けていくことをおいて考えられません。県民の皆さんには、過去の戦争体験を、人類普遍の平和希求の願いに昇華させ、これからの沖縄県を築きあげることに力を合わせていかれるよう心から期待しています。海はおもろ時代の昔から、皆さん方になじみのあるものでした。その沖縄は、海洋博覧会の開かれるまことにふさわしい場所と思います。海洋博覧会は、皆さんに考える場を提供し、また内外の多くの人々と接触する機会を与えることでしょう。しかし、博覧会の真の意義は、その終わった後にあると思います。戦後、私たちは、平和国家・文化国家という言葉になれ親しんで育ちました。今、もう1度これらの言葉を思い起こし、この博覧会が有意義な何ものかを沖縄県に残すことを切に期待しています」

この夜、ニュースで内容を知った時の強い感動が川平さんの胸に残る。

東宮侍従から川平さんに電話があった。

「談話を聞きましたか」

そう伝えるよう求めたのは陛下だったという。川平さんは答えた。

「これこそ県民が聞きたかった言葉です」

談話の文言通り、陛下はその後も慰霊を続けていった。

メモなしで語りかけた6分間

笑顔の裏の厳戒警備

海がせまる丘陵地に、伝統的な赤瓦屋根をかけた舞台が造られた。1993（平成5）年4月25日、沖縄県糸満市で開かれた第44回全国植樹祭の式典。植樹祭には約1万人が集い、舞台上の席に天皇、皇后両陛下が座った。

和やかに進む式典行事を笑顔で見守る両陛下。その席の背後、木製に見える壁には鉄板が挟み込まれていたという。「防弾のためだった」と現地でテロ対策に携わった元警察幹部は打ち明ける。

この植樹祭への出席は陛下にとって、1989（平成元）年の即位後、天皇という立場での初めての沖縄訪問だった。皇太子時代に、海洋博、国民体育大会、全国身体障害者スポーツ大会などの行事にあわせる形で計5回沖縄を訪ねていたが、元警察幹部は「日本国民統合の象徴である天皇を迎える重みと緊張感は、皇太子時代と比にならない」と話す。沖縄県警は延べ1万8000人の警察官を動員した。

植樹祭は各都道府県が持ち回りで開催する恒例行事で、沖縄は全国一巡の最後の開催地だった。天皇を迎える「地ならし」は植樹祭の数年前から始まっていた。警察の対応としては異例だが、全県あげての歓迎の雰囲気作りに努めていた。「植樹祭を成功させよう」とのスローガンを掲げた新聞広告を出すよう、地元経済界や地域の有力者に働きかけた。県警としても「植樹祭を成功させるためテロ・ゲリラを根絶しよう！」と新聞広告を出した。

「陛下を安全にお迎えするために、県民の協力、歓迎のムード作りは何よりも大切だった」と元警察幹部は話す。式典会場では、舞台と県民の席の間に規制のロープが張られたが、「県民へ過剰な刺激になるのでは」との懸念から、是非が検討されたこともあったという。「どんな些細《ささい》なことが反感や混乱の引き金になるのかわからない。

少しでも緊迫した空気を和らげるための努力を続けた」と振り返る。

終戦から48年後の天皇来訪に、県内は「戦後の区切りとなる」ことへの期待と「戦争責任がうやむやにされる」との批判が交錯した。「歓迎」の提灯《ちょうちん》行列と、「反対」のデモが市街地を練り歩いていた。皇太子時代に沖縄訪問を重ね、戦後に即位した天皇に対してであっても、県民の「複雑」な感情は消えていなかった。

戦没者遺族150人に語りかける

植樹祭式典2日前の4月23日午後、那覇空港に到着した陛下は、まっさきに激戦地となった本島南部に向かい、国立沖縄戦没者墓苑で拝礼した。皇太子時代から、訪問初日は戦没者を慰霊する日程を組んでおり、それは天皇になってからも変えなかった。そして、拝礼した後、沖縄平和祈念堂で戦没者の遺族約150人と向き合った。あいさつは約6分。メモを見ずに語りかけた。

沖縄平和祈念堂で沖縄戦の遺族に声をかける両陛下（1993年４月）

「即位後、早い機会に、沖縄県を訪れたいという念願がかない、今日から4日間を沖縄県で過ごすことになりました。

到着後、国立戦没者墓苑に詣で、多くの亡くなった人々をしのび、遺族の深い悲しみに思いを致しています。

先の戦争では実に多くの命が失われました。なかでも沖縄県が戦場となり、住民を巻き込む地上戦が行われ、20万の人々が犠牲となったことに対し、言葉に尽くせぬものを感じます。ここに、深く哀悼の意を表したいと思います。

戦後も沖縄の人々の歩んだ道は、厳しいものがあったと察せられます。そのような中でそれぞれの痛みを持ちつつ、郷土の復興に立ち上がり、今日の沖縄を築き上げたことを深くねぎらいたいと思います。

今、世界は、平和を望みつつも、いまだに戦争を過去のものにするに至っておりません。平和を保っていくためには、一人一人の平和への希求とそのために努力を払っていくことを、日々積み重ねていくことが必要と思います。

沖縄県民を含む国民とともに、戦争のために亡くなった多くの人々の死を無にすることなく、常に自国と世界の歴史を理解し、平和を念願し続けていきたいものです。遺族の皆さん、どうかくれぐれも健康に留意され、元気に過ごされるよう願っています」

陛下の言葉に込み上げるそれぞれの思い

この場に出席した照屋苗子《てるやなえこ》さんは陛下から「ご苦労なさいましたね」と声をかけられた。その瞬間、ぶわっと涙がふきだした。戦争で父をはじめ5人の家族を亡くした。戦後、女手一つで育ててくれた亡き母の姿が思い浮かんだという。

「陛下の言葉を母に聞かせてあげたかった。なぜ戦争が起きたのか、なぜ家族は死んだのか、陛下になんて言葉を返せばいいのか、いろんな思いが込み上げました」

涙がとまらず、顔を上げられなかった。

平和祈念堂での陛下と遺族の面談でも、裏には綿密な「地ならし」が行われていた。両陛下が遺族と向き合う際、台に立つかどうか、立つとしても台の高さをどうするか、高くしすぎれば県民感情に悪い影響を与えるのではないか――。陛下の訪問を迎える準備に携わった元職員は、張り詰めた空気の中、わずかな刺激がきっかけとなって暴動でも起きてしまうのではないかとはらはらしていたという。

「遺族に語りかける陛下の表情はとても穏やかで、優しい言葉に不安が流れていくようでした」

と振り返った。

緊迫の天皇の初訪問を案内したのは、壮絶な沖縄戦を生き、「革新系」知事として戦後の平和運動をけん引した大田《おおた》昌秀《まさひで》さんだった。沖縄師範学校在学中に男子学生で編成された「鉄血勤皇隊」の一員として戦場に動員され、地上戦を体験した。

「天皇のために死ねと教えられ、目の前でたくさんの人が死んでいった。戦後、天皇って何だったのか、考えざるを得なかった。それは僕だけではない」

２０１７（平成29）年に92歳で亡くなる直前、毎日新聞の取材に応じ、天皇への思いを語っていた。

「島津の末裔」という覚悟

応接室で交わされた会話

記者が取材で那覇市に大田昌秀さんを訪ねたのは2017（平成29）年の2月と4月だった。退位の意向がにじむメッセージを発表した天皇陛下の歩みを、改めてたどる取材が目的だった。陛下が沖縄とどう向き合ったのかを県民との交流を通して紹介したい、という取材依頼に、思わしくない体調の中で「大事なテーマだから」と応じてくれた。取材が行われたのは、那覇市にある「沖縄国際平和研究所」の一室だった。沖縄戦に関する写真や資料などを一般公開している研究所に大田さんの仕事部屋がある。部屋の中は大量の本に囲まれ、机にも資料が積み重なっていた。

大田さんは、頬はこけていたが、とても饒舌《じょうぜつ》だった。「ここに来るまでの取材では誰に会ったのか」「どんな本を読んだのか」などと記者に次々と質問を重ねた。

その表情は優しいのに、記者は緊張がとけなかった。90歳を超え、やせた体とは不釣り合いに思えるほど情熱と考え続ける姿に触れ、沖縄を記事にする心構えを問われているように感じたからだ。大田さんは、あの戦争は何だったのか、天皇とは何なのかを考え続けてきたという。

「平和な時ほど天皇とは何なのか、考えなければいけない」

そう記者に語りかけた。


賛否に割れた1993（平成5）年4月の天皇の沖縄初訪問は「平和の国の象徴として来られるのだから」との思いで迎えたという。陛下が帰京した直後の4月28日、大田さんは陛下の住まいだった東京・赤坂御所を訪ねた。来訪へのお礼の意を署名で示す「記帳」が目的で、陛下に会う予定はなかった。だが、大田さんの上京を側近から聞いた陛下は「お会いしたい」と応接室に招いた。

応接室は、天皇、皇后両陛下と大田さんの3人だけだった。来訪のお礼を述べた大田さんに、陛下が尋ねた。

「沖縄の人たちは、私たちをどう思っていますか」

大田さんはひとつのエピソードを話した。

「畑作業をしていたTシャツ姿の女性が、陛下の車が通るのを見かけ、手を振っていました」

普段着で陛下を迎える県民の姿だった。憎しみや反感ではなく、親しみの感情を持っているからこその自然体で両陛下を迎える県民がいることを紹介した。陛下は少し喜んだような表情を見せたが、淡々とこう返したという。

「しかし私は島津の末裔《まつえい》ですからね」

琉球王朝が沖縄を治めていた1600年代初頭、沖縄は薩摩藩の侵攻を受け、その支配下に置かれた。陛下の母・香淳皇后は最後の薩摩藩主・島津忠義の孫にあたる。

大田さんは「島津の末裔」と自らを表現する陛下の言葉から、沖縄の思いに向き合う覚悟を感じとった。

「皇国」「聖戦」の名のもとに県民の4人に1人が犠牲となった沖縄の地上戦。戦後、県民の中に皇室への複雑な感情が残った。大田さんは「沖縄戦は、あまりにむごい結果が目の前に広がった。皇民化教育で統制された考え方に対する疑問や反動が、戦後、天皇へのさまざまな意見や感情となって表れた」と県民世論を分析した。実現しなかった昭和天皇の訪問については「戦後の日本政府の対沖縄政策、アメリカの対沖縄政策に不満を持つ県民が多かった時期でもあり、訪問しても県民の反発を買うだけだっただろう」との見解だった。

昭和天皇の時代にかなわなかった「天皇の訪問」は、陛下が即位した4年後に実現した。歴史的な一歩を刻んだ直後の陛下と、迎えた知事との対話。側近から「5分」と言われていた面会の時間は、40分ほどに及んだ。大田さんは、その時のことをこう語った。「沖縄の人々の皇室への思いについて、僕が安心させるようなことを話しても、信じておられないような気がした。沖縄のことをずっと考えていらっしゃるのだろうと受け止めました」

「平和の礎」と陛下の歩み

戦後50年にあたる1995（平成7）年8月2日には、地上戦の犠牲者の名前を刻んだ糸満市の「平和の礎《いしじ》」を訪ねた両陛下を出迎えた。軍人、民間人、国籍を問わず23万人あまり（当時）の名を刻銘版に刻む平和の礎は、大田さんの主導で、同年6月に建立されたばかりだった。

「お父さんがどこで死んだのかわかるかもしれないと海辺をさまよい歩く子どもたちや、学校の慰霊碑にすがって泣いているおばあちゃんがいる。戸籍簿も何もかも戦争で焼き払われた沖縄で、たった一行の刻まれた名前が、その人がこの世に生きていた証拠になる」との思いが建立を決意させた。だが、その思いや自身の戦争体験を陛下に説明していない。「わかっていて来られたはずだ」と考えていた。

大田さんは、沖縄のみならず国内外で戦没者慰霊を続ける陛下に、感謝の気持ちが強くなっていったという。

「慰霊は天皇の決められた務めではない。自身の意志で続けてこられたのでしょう」

沖縄戦で亡くなった人たちの名が刻まれた「平和の礎」の説明を受ける両陛下（1995年8月）

陛下の歩みをそう受け止めていた。

大田さんは、戦争の愚かさを訴え、歴史を研究した平和運動家で、政治家としても政府に毅然として基地問題の解決を求めた人物だ。厳しく、ひたむきに平和の尊さを訴え続けた姿勢に、記者は、陛下に対する厳しい言葉があるだろうと予想し、陛下をどう思うのかを尋ねた。だが、返ってきた言葉はやわらかかった。

「もしまた沖縄に来られるなら、温かく迎えたい」

天皇に対する複雑な県民の思いを誰よりも理解しているであろう大田さんの言葉には、沖縄の戦後と、歴史に向き合う陛下を見つめた歳月の重みがあった。

陛下の熱意は沖縄に確かに届いていると感じた瞬間だった。

沖縄の歴史を学ぶ

子たちに薦めた本

天皇として初めて沖縄を訪ねた1993（平成5）年4月、陛下は皇后さまと共に、かつて火炎瓶を投げつけられた場所である「ひめゆりの塔」を再訪した。両陛下の案内役を務めたのは、ひめゆり学徒隊の生存者、本村《もとむら》つるさんだった。本村さんは、皇太子ご夫妻時代にはなかった1989（平成元）年開館の「ひめゆり平和祈念資料館」を案内した。

展示室で陛下は設立の理念を記したパネルに見入り、並んだ遺影を静かに見渡した。「十七里行軍」と呼ばれた長距離を歩く訓練についてなど、いくつか質問もあったが、本村さんは「あれこれ私がお話しするまでもなく、よくご存じでした」と話す。

本村さんには、看護や伝令の要員として戦場を巡り、重傷の友を置いていくしかなかった悔いがある。つらい記憶に口を閉ざした時期もあったが、恩師の仲宗根政善《なかそねせいぜん》さん（1907〜95年）の励ましで、戦争の体験を語り継ぐ活動を始めた。仲宗根さんは、戦時中に教師としてひめゆり学徒隊を引率した人物である。

見学を終えた両陛下が休憩室に入り、自分の役割は終わりだと本村さんが思っていたところ、宮内庁職員から「陛下がお茶をご一緒にとおっしゃっています」と告げられた。応接セットを置いた小さな部屋で、本村さんは他の資料館関係者と共に両陛下と懇談した。そこで仲宗根さんの話題になった。

仲宗根さんは、戦後、教え子を戦場に導いた悔恨の思いを抱きながら戦争体験を記録する活動に尽力した。元学徒の心の支えであり、慰霊活動を代表する存在だったが、1975（昭和50）年、ひめゆりの塔を訪ねた皇太子時代の陛下の出迎えを断った。その理由を日記に「なくなった生徒たちに立ちかえってみると、どうした態度で御話し申し上げてよいか、まよってしまう」と記している。

しかし懇談の中で皇后さまは、「仲宗根さんの本を読むよう、陛下は子たちに薦めておられます」と話した。本村さんは「意外な言葉だった」と振り返る。陛下を受け入れなかった仲宗根さんの本を陛下が読み、薦めているとは思わなかったという。

本村さんは、昭和天皇の長男として陛下が生まれた1933（昭和8）年12月23日、「日嗣《ひつぎ》の御子《みこ》」誕生の祝賀ムードに沸き立ったのを覚えている。当時、万歳三唱や旗行列を行う祝賀式が、各地で開かれた。本村さんも学校で「奉祝歌」を習い、日の丸の小旗を持って那覇の町を行進した。「日嗣の御子はあれましぬ……」。年を重ねても口ずさめる。天皇は神だと教わった。

陛下は、ひめゆり同窓会の事務局長として資料館を支える本村さんに「ご苦労がおありでしょうね」とねぎらいの言葉をかけた。他のひめゆり学徒隊の女性にも「本（体験記）を読みましたよ」と語りかけていたという。別世界の存在だと思っていた陛下との心の距離は、交流を経て縮まったと感じている。

「日嗣の御子は、やさしい方でした」と本村さんは言う。

琉歌に表れた沖縄への思い

陛下はこの初訪問を含め、即位後は6回、沖縄に足を運んでいる。2004（平成16）年1月23日には、沖縄の伝統芸能の拠点として浦添《うらそえ》市に開場した「国立劇場おきなわ」で、こけら落とし公演を鑑賞した。

国立劇場《コクリツゲキジョウ》 沖縄《ウチナー》に《ニ》 開《フィラ》き《チ》 執心鐘入見《シュウシンカネイリン》ちやるうれしや《チャルウリシャ》

こけら落としで上演された組踊《くみおどり》「執心鐘入《しゅうしんかねいり》」を鑑賞した陛下が読んだ「琉歌」だ。

沖縄伝統の琉歌は本土の和歌に対比しての名称で、琉球風の短歌を意味する。8・8・8・6の音数律で三味線《さんしん》にのせて歌われることもあり、奄美《あまみ》地方では「しまうた」とも言う。琉球王国の時代は、王から民衆まで多くの人に詠まれていた。これを詠むには沖縄独特の言葉などへの深い知識が必要となる。陛下は、皇太子のころから沖縄の伝統文化や歴史を学び、琉歌も琉球王国の王たちが詠んだ歌を手本に研さんを積んでいた。

国立劇場おきなわのこけら落とし公演に臨席し、観客に手を振る両陛下（2004年１月）

国立劇場おきなわ

劇場訪問前の2003（平成15）年12月、70歳の誕生日の記者会見で陛下は「文化財が戦争でほとんど無くなった沖縄県に組踊ができるような劇場ができればと思って、何人かの人に話したことがあります。本当に感慨深いものを感じています」と、劇場設立が念願だったことを明かした。琉歌には、開場と観劇の喜びが込められている。劇場の前には今、この歌を刻んだ石碑が建つ。

苦難を含む沖縄の歴史のすべてに向き合う

琉歌を詠めるほどの歴史文化への理解の深さを、歴史学者の高良倉吉《たからくらよし》さんも実感したことがある。高良さんは1975（昭和50）年7月、当時皇太子だった沖縄訪問中の陛下と初めて会った。滞在先のホテルに招かれた数人の学識者の一人として陛下と懇談した。陛下は、琉球王国に関する二つの歴史書の名を挙げて高良さんに尋ねた。

「『中山世譜《ちゅうざんせいふ》』に詳しく書かれている尚真王《しょうしんおう》は、『中山世鑑《ちゅうざんせいかん》』に記述がない。なぜでしょうか」

尚真は琉球王国の基盤を築いた名君として知られる王。専門的な書物を読み込んでいなければできない質問に驚いた高良さんは、どのようにして学んだのかを聞いた。陛下は「国会図書館の本を読みました」と答えたという。簡単には手にできない本まで読み尽くす熱心さに「そこまでやるのか」と驚いた。

陛下との交流はその後も続いた。太平洋戦争で焼失した首里城の復元のため、資料探しや時代考証に奔走していた時は、励ましの言葉をかけられた。高良さんは言う。「さまざまな苦難を含む沖縄の歴史のすべてに向き合うことが、象徴の務めだと思われているのではないでしょうか」

沖縄在住の作家、大城立裕《おおしろたつひろ》さんも陛下が来訪する度に懇談するなど交流がある。琉歌が話題にのぼり、18世紀の女性歌人、恩納《おんな》なべに話が及んだこともあった。山村の風景や恋心を歌ったなべの歌を、陛下はよく知っていた。大城さんは「本土と違う歴史を重ねてきた沖縄の伝統や文化に、敬意を払っておられた」と話す。陛下の琉歌には平和への願いを込めたものもある。

花《ハナ》よ《ユ》お《ウ》し《シ》や《ャ》げ《ギ》ゆ《ユ》ん《ン》 人《フィトゥ》 知《シ》ら《ラ》ぬ《ヌ》 魂《タマシイ》 戦《イクサ》な《ネ》いら《ラ》ぬ《ヌ》世《ユ》よ《ユ》肝《チム》に《ニ》願《ニガ》て《ティ》

戦没者に鎮魂の花を捧げ、戦争のない世を願うという意味だ。1975（昭和50）年、慰霊碑を巡った後に詠んだ。

沖縄の文化への探究心はなぜこうも深いのか。前述の誕生日の記者会見で、陛下は1972（昭和47年）年の本土復帰に触れ、語っている。

「沖縄の人々を迎えるに当たって日本人全体で沖縄の歴史や文化を学び、沖縄の人々への理解を深めていかなければならないと思っていたわけです。（中略）復帰を願ったことが、沖縄の人々にとって良かったと思えるような県になっていくよう、日本人全体が心を尽くすことを、切に願っています」

沖縄の慰霊の日である6月23日、陛下は毎年、欠かさず黙禱《もくとう》を捧げている。

天皇陛下を語る　～大城立裕～

大城立裕（おおしろ・たつひろ）
1925年、沖縄県中城村（なかぐすくそん）生まれ。戦後の沖縄文学をけん引し、小説や戯曲、エッセーなど多数の作品を発表。1967年『カクテル・パーティー』で沖縄出身初の芥川賞作家となる。

――大城さんは、天皇陛下が皇太子時代に初めて沖縄県を訪問された1975（昭和50）年から交流が続いています。

滞在先ホテルの一室に招かれ、沖縄国際海洋博覧会に出席するために沖縄に来られた陛下と懇談しました。県の史料編集所長だった私は、海洋博で海洋文化などを紹介する「沖縄館」に携わっており、陛下が沖縄館に関わる人たちに会いたいとおっしゃったそうです。

――陛下の印象は。

たいへんな沖縄通だと感じました。「15世紀といえば尚真王《しょうしんおう》の時代ですね」と琉球国王の名がすらすらと出てくる。海洋博の開会式のあいさつは、古来の信仰「ニライカナイ（海のかなたの桃源郷）」に触れられました。

――沖縄戦などを背景に、訪問を歓迎しない県民もいました。

ネガティブな人が多かったことは確かですが、前向きにとらえている人もいました。本土復帰直後の当時、私は本土や世界中の人に沖縄の歴史を伝えようと思って海洋博に取り組みました。その思いを伝え聞き、会いたいと申し出られた。私の熱意を最もわかってくださったのは陛下だったと思っています。

――交流は今も続いています。

陛下は沖縄を知りたいという思いが強い。その後も「歴史の話ができるご友人をお連れください」などと誘われました。歴史学者や文学者らと一緒に度々懇談しています。いつも楽しい雑談で、琉歌や組踊も話題になります。純粋に沖縄の文化を好んでおられる一方、戦争の歴史が頭を離れないのだろうとも思います。

——どういうことでしょうか。

陛下が詠んだ琉歌は戦争に関連した作品が多くあります。

ふさかい《フサケ》ゆる《ユル》木草《キクサ》めぐる《ミグル》戦跡《イクサアトゥ》くり《クリ》返し《カイシ》返し《ガイシ》思ひ《ウムイ》かけて《カキティ》

激戦地だった摩文仁《まぶに》の慰霊碑を巡り、戦争で亡くなった人を思って詠まれた。うちなーぐち（沖縄方言）や古典琉歌の知識の深さとともに、戦争の歴史を忘れまいとする強い思いが伝わってきます。

——沖縄への思いをどう感じますか。

夕間暮《ユマングヰ》の《ヌ》空《スラ》に《ニ》立ちゆる《タチュル》恩納岳《ウンナダキ》しばし《シバシ》眺め《ナガミ》ゆん《ユン》なべ《ナビ》よ《ユ》思て《ウムティ》

こういう歌もあります。18世紀の女性歌人・恩納なべをしのび、恩納岳の情景に思いをはせた名作です。戦争は暮らしや自然、伝統文化を壊します。その衝撃を陛下は受け止め、沖縄独特の文化に敬意を払ってこられたのではないでしょうか。時が流れてもその姿勢は変わらない。稀有《けう》な沖縄の理解者であると思います。

◆天皇、皇后両陛下の沖縄訪問

1945(昭和20)年 8月	終戦
1972(昭和47)年 5月	沖縄が本土に復帰
1975(昭和50)年 7月	沖縄国際海洋博覧会の開会式
1976(昭和51)年 1月	沖縄国際海洋博覧会の閉会式
1983(昭和58)年 7月	第19回献血運動推進全国大会
1987(昭和62)年10月	第42回国民体育大会
11月	第23回全国身体障害者スポーツ大会
1989(平成元)年 1月	天皇陛下即位
1993(平成5)年　4月	第44回全国植樹祭
1995(平成7)年　8月	戦後50年にあたり、「平和の礎」など訪問
2004(平成16)年 1月	「国立劇場おきなわ」開場記念公演
2012(平成24)年11月	第32回全国豊かな海づくり大会
2014(平成26)年 6月	対馬丸記念館
2018(平成30)年 3月	戦没者慰霊、与那国島訪問

コラム

皇室豆知識1

天皇陛下の記者会見

1989(平成元)年に即位した天皇陛下は、ほぼ毎年、誕生日にあわせて記者会見を行った。その年の出来事を振り返り、悲しみや喜びの思いを語ることが恒例だった。

記者会見は誕生日の少し前に行われ、その内容が誕生日当日の12月23日に公表される。宮内記者会に所属する報道機関が事前に質問内容をまとめ、宮内庁を通じて陛下に伝達しており、記者会見では、その質問に一問一答形式で陛下が答えていた。病気などにより、文書回答だった年もあった。

会見は基本的に一人で行うが、誕生日会見としては初めてだった1990(平成2)年は宮内記者会の要望に応え、皇后さまが同席した。

陛下は記者会見で10問近くの質問に応じたこともあったが、宮内庁が受け付ける質問数は徐々に減っていった。陛下は時間をかけて回答として発言する内容を推敲《すいこう》しているといい、宮内庁が高齢になった陛下の負担を減らそうと配慮しためだった。2014（平成26）年には2問、2015（平成27）年には1問に制限された。時間が余った時の「関連質問」も2014（平成26）年からなくなった。

ただ、質問数を減らされても、記者側は一つの質問の中に自然災害や慰霊の旅など複数のテーマを盛り込んだ質問案を練り、陛下のさまざまな考えを聞き出そうと試みた。宮内庁もそうした質問案を通し、質問数は少なくなっても、陛下はさまざまな事柄に言及した。

上皇になると記者会見は行われない見込みだ。2018（平成30）年の最後の記者会見の質問は「現在のご心境とともに、いま国民に伝えたいことをお聞かせ下さい」というシンプルな問いだったが、陛下は戦後日本の歩みを振り返り、被災地や障害者スポーツ、皇后さまへの感謝など、さまざまなテーマについて語った。自分の考えを国民に届けようとする積極さが感じられた。

また、誕生日以外では、即位から10年、20年、両陛下結婚50年、という節目でも記者会見があり、いずれも皇后さまが同席した。外国訪問前にも両陛下による記者会見が開かれていたが、両陛下が高齢になったため、2013（平成25）年のインド訪問を最後に開かれなくなった。

第二章 ▼ 寄り添う

苦しみや悲しみを国民と共有する

被災地で腰を落とし、時には膝をつき被災者と同じ目線で交流する天皇陛下の姿――。

今でこそ、その姿勢は国民の間に浸透しているが、平成が始まったばかりのころは、昭和天皇との比較を含むさまざまな議論を巻き起こした。「天皇が自ら国民の中に入っていく必要はない」という声が宮内庁内部にもあったという。それでも陛下は自分のスタイルを貫いた。被災地に出向くだけではなく、福島第一原子力発電所事故に伴う東京電力の計画停電の際は、皇居・御所で自主節電を続けていたという。目線を合わせるなどの形だけではなく、心から国民に寄り添った。

取材で印象的だった場面がある。

2017（平成29）年10月、天皇、皇后両陛下は福岡県朝倉市で九州北部豪雨の被災者たちと懇談した。妻を亡くし、ゴンタという愛犬を心の支えに避難生活を続けていると打ち明けた男性がいた。

「本当に大変だと思いますが、今後良い方向に向かうよう切に願っております。どうぞ元気に過ごされますように」

懇談が終わり、陛下が別れのあいさつをした。その時、皇后さまが「ゴンタもね」とほほ笑んだ。添えられたその一言に場の空気は和らぎ、緊張の表情だった被災者たちの顔はほころんだ。

苦しみや悲しみを国民と共有したいという陛下の信念と、皇后さまの優しい気遣いが一対になった歩みが、皇室と国民の距離を縮めてきたのだろう。

島原から始まった「平成流」

一刻も早く被災者のもとへ

1991（平成3）年7月10日午前、スーツ姿の天皇陛下が皇后さまと共に民間の定期便で長崎空港（長崎県大村市）に到着した。出迎えた長崎県知事の高田勇《たかだいさむ》さんに陛下は告げた。「あまり気を遣わないようにしてください。ご迷惑をかけたくありません」

雲仙・普賢岳の火砕流で多数の死者が出たのはひと月前。火山活動は収まらず、住民の避難生活が続いていた。

この訪問は、即位後初めての被災地見舞いだった。同年5月以降、雲仙・普賢岳は土石流や火砕流が頻発。6月3日には山頂付近の溶岩ドームが崩落して大規模な火砕流が発生し、43人の死者・行方不明者を出した。火山活動はなかなか収まらなかった。そうした状況で被災地入りを希望したのは陛下だったという。

「現地はお迎えできる状況なのか」「陛下に危険はないのか」。宮内庁には懸念もあったが、陛下が側近に伝えたのは「できるだけ早く行きたい」との意向だった。「『住民が不安を募らせている時だからこそ現地に入りたい』とお考えのようでした」と当時の側近は振り返る。

両陛下の国内移動は通常、貸し切りの特別機を利用する。だがこの時は民間機を利用し、随行員も最小限に抑えるなど、迎える側の負担軽減を図りつつ、準備が進められた。

「眉山は大丈夫ですか」

当日、両陛下は空港から自衛隊が保有するヘリコプターで島原市に入った。休憩場所のホテルでは休む時間を惜しんで復旧復興に関わる地元の人々から説明を受けた。

陛下の側近ら10人ほどが集まったホテルの一室で、知事の高田さんが被災状況を、九州大学島原地震火山観測所所長だった太田一也《おおたかずや》さんが収束の見通せない噴火活動を、それぞれ説明した。陛下は椅子に浅く座り、身を乗り出して聴き入った。そして「眉《まゆ》山《やま》は大丈夫ですか」と質問したという。

島原にそびえる眉山は1792年、雲仙・普賢岳噴火の末期に頻発した大きな地震で山体が大きく崩壊した。土砂が有明海になだれ込んで津波を発生させ、島原と向かいの熊本でも多くの犠牲者が出た。1万5000人が亡くなったとされる大災害は「島原大変肥後迷惑」と呼ばれる。200年前の大災害に触れた陛下に、太田さんは「同様の事態の発生や、さらなる被害の拡大を懸念されていたのではないか」と感じた。実際に火山活動は続いており、「心配ありませんと言える状況ではなかった」という。陛下の見聞の広さに感心するとともに「不測の事態も覚悟の上で島原に来られたのだと思った」と振り返る。

説明の後は昼食の時間だった。メニューはカレーライス。食事もそこそこに、陛下は同席した太田さんに質問を続けた。知事や県議会議長、市長らがいる中で太田さんの席は陛下から離れていた。陛下の質問の熱心さは、陛下の隣に座っていた皇后さまが立ち上がり「私の席と代わりましょう」と太田さんに提案するほどだったという。

被災者が驚いた陛下の姿

島原はこの日、真夏日になった。正午ごろにホテルを出た陛下が市民の前に姿を現したとき、背広を脱ぎ、ネクタイを外し、ワイシャツの袖をめくっていた。

被災者らは、陛下のその姿に驚いた。陛下は用意されたスリッパを履かずに避難所の体育館に入り、被災者に歩み寄ると腰を低くして語りかけた。「大変でしたね」「お体に気をつけて」。正座で応対する被災者と同じ目線で向き合った陛下の様子は、新聞・テレビを通じて全国の国民の目に焼き付いた。

両陛下は約5時間で7カ所の避難先を回った。

案内役を務めた当時の島原市長、鐘ヶ江《かねがえ》管一《かんいち》さんは高揚した気持ちを日記に書き留めている。

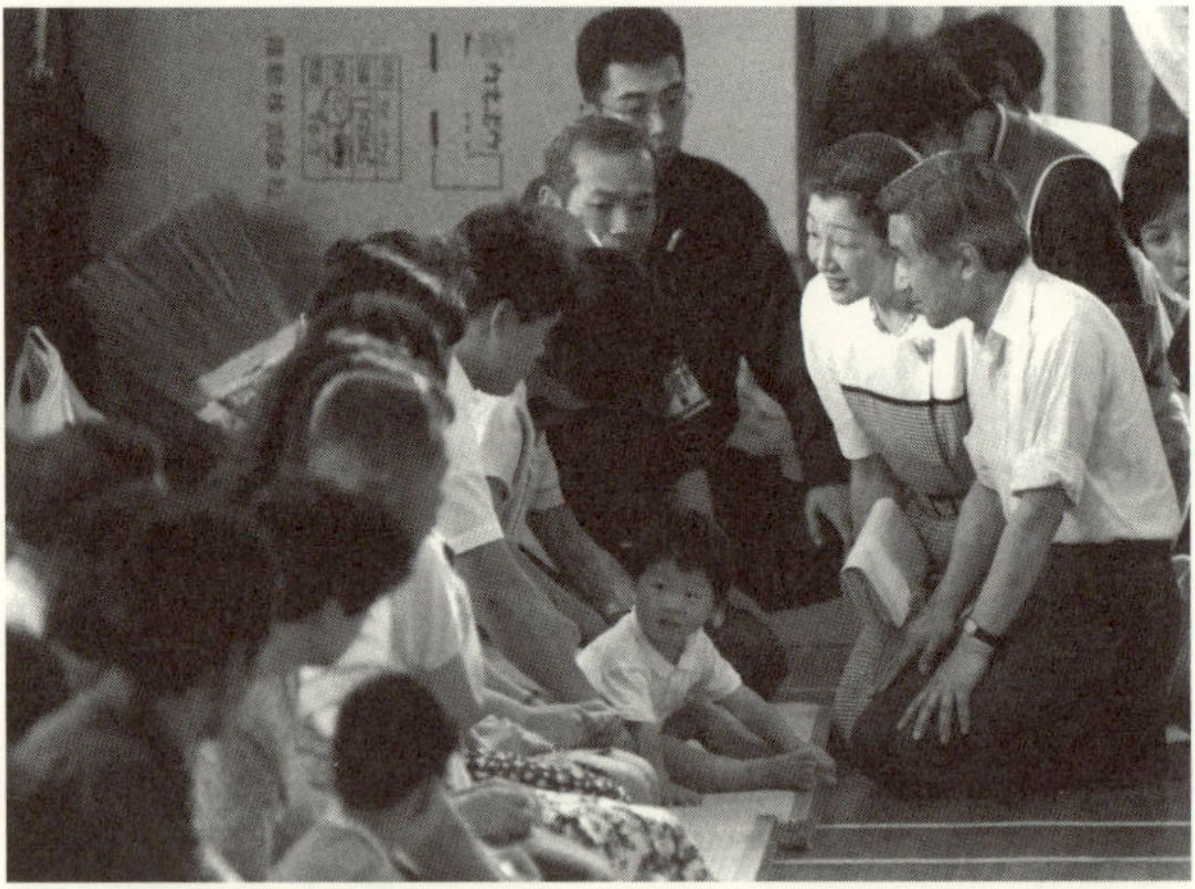

雲仙・普賢岳の噴火被災地を訪問し、膝をついて被災者たちを励ます両陛下（1991年7月）

「膝をつかれて一人一人おことば。みんな感激していた。日本は大丈夫だと思った」

陛下が見舞いに来たことで、空気ががらっと変わった感じさえしたという。

警備を指揮した長崎県警の元幹部は、

「とても安全を保障できる状況ではなく、正直なところ、落ち着いてから来ていただきたいとの思いがありました。でも、ああやって被災者の目を見て話を聞いてくださる両陛下と励まされた被災者を見ると、来ていただいてよかったと感動しました」

と振り返った。

当時、陛下は57歳。「平成流」とも呼ばれる「象徴天皇像」の原点といえる一日だった。

「平成流」への賛否と変わらぬ姿勢

国民と膝をまじえる天皇、皇后両陛下の姿を、当時の新聞や雑誌は「これまでの皇室では考えられない」「厳戒下の被災地訪問は異例」などと伝えた。両陛下は被災地だけでなく訪問の先々で積極的に人々に声をかけ、交流した。そうした姿に対し、平成に入ってから数年を経たころ、異議とも受け取れる主張が一部の論者から出たことがある。

「天皇は被災者の前でひざまずいたり、同じ目線になったりする必要はない」「皇室の権威が失墜する」「国民の人気を求める必要もない」——。

昭和天皇との違いを意識した評論もあった。天皇を統治権の総攬《そうらん》者と規定する明治憲法下で即位した昭和天皇は、戦後、「人間宣言」を経て象徴天皇へと立場が変わった。各地の式典に出席し、国民に姿を見せたが、国民との「距離」は今の陛下ほど近くなかった。

しかし、こうした批判があっても、両陛下の姿勢は変わらなかった。

1993(平成5)年の北海道南西沖地震、1995(平成7)年の阪神大震災など相次ぐ災害の見舞いで、国民と同じ目線で交流を続けた。

2018（平成30）年に92歳で亡くなった高田さんは生前、取材に対し、陛下へ感謝の思いを語っていた。知事の仕事で上京すると、侍従を通じて「夜でもいいから時間があれば御所に寄ってほしい」との陛下の意向が伝えられたことが何度もあったという。高田さんの記録では約10回。御所の応接室で陛下に会う度、復興状況を説明した。

「葉たばこの畑はどうなりましたか」

「みなさんのお住まいはどうなりましたか」

陛下は被災地のその後を気にかけ続けていた。

高田さんは取材にこう続けた。

「毎回、『人命を大切に守ってください』とおっしゃる。胸がいっぱいになりました」

強行日程で願った「心の復興」

異例のビデオメッセージ

地震や噴火災害などで被害が出るたび、天皇、皇后両陛下は被災者に直接いたわりの言葉を届けてきた。

2011（平成23）年3月11日に起きた東日本大震災。この時も両陛下は一刻も早く被災者の元に駆けつけたいという思いを募らせていた。公務の合間を縫い、大震災に関する情報収集を続けた。救援活動などに支障を来さない範囲で事情を知る人々を住まいの皇居・御所に招き、話を聞いた。

・3月15日　前原子力委員会委員長代理から「原子力発電所の仕組みと安全対策について」

警察庁長官から「被災状況及び救助活動等について」
・3月16日　東京大学大学院医学系研究科教授から「放射線被曝について」
・3月17日　日本赤十字社社長、同副社長から「日赤の救護活動等について」
・3月18日　海上保安庁長官から「救助、救援活動等について」

未曽有の規模の被害に加え、東京電力福島第一原発事故の先行きが見通せなかった中で陛下は異例の行動に出た。現地の情報を集めつつ、16日、被災者や国民に向けた「おことば」をビデオで発表した。陛下がビデオでメッセージを公表するのは初めてのことだった。

「一人でも多くの人の無事が確認されることを願っています」と述べ、原発事故については「関係者の尽力により事態の更なる悪化が回避されることを切に願っています」と語った。そして「被災者のこれからの苦難の日々を、私たち皆が、様々な形で少しでも多く分かち合っていくことが大切」と話し、長く続くであろう避難生活を思いやった。

「行けるところから参りましょう」

一刻も早く現場に駆けつけたいという天皇、皇后両陛下の思いを知る宮内庁は、被害が甚大《じんだい》な岩手、宮城、福島の東北3県への訪問を検討し始めていた。だが、現地は捜索活動や原発事故で混乱が続き、受け入れられる状況ではなかった。「どうすればいいのか」と模索を続ける中、皇后さまの「行けるところから参りましょう」という提案が風向きを変える。

皇后さまの提案を踏まえた両陛下の構想は、まずは東京近郊から始め、千葉県や茨城県、さらには東北3県へと見舞いをつなげていく内容だった。東北の被災者の一部は、東京や埼玉などに避難してきていた。

当時の宮内庁幹部は「被災者はどこにいてもつらい思いをしており、場所にこだわっている場合ではないと気づかされた」と話す。

陛下が77歳、皇后さまが76歳という年齢を念頭に、「負担が重すぎる」という懸念もあったが、構想は実現に向けて動き始めた。

震災から19日後の3月30日、両陛下の姿は福島県などからの避難者が身を寄せる東京武道館（東京都足立区）にあった。「大変でしたね。怖かったでしょう」。着の身着のままで逃れてきた人々に語りかけた。

見舞いは7週連続で続き、1都6県に及んだ。東北3県への訪問は、4月末から5月にかけて実現した。すべて日帰りの強行日程。各地の避難所では、段ボールで仕切られた居住スペースの奥まで入り、二手に分かれ、時間の許す限り被災者に言葉をかけた。

当時、福島県知事だった佐藤雄平《さとうゆうへい》さんは「被災者の『心の復興』を支えていただきました」と語る。宮内庁から福島訪問の打診があったのは東日本大震災から1カ月も経過していない4月上旬。原発事故の影響が見通せない時期で、思わず「本当ですか」と聞き返した。両陛下は5月11日、自衛隊の飛行機とヘリを乗り継いで福島市の体育館に到着すると、被災者に声をかけて回った。

帰京する前には、事前に注文したブロッコリーなど福島産の野菜を私費で買い求めたという。佐藤さんは「早くも風評被害への心遣いをされたと感じました。大変ありがたかったです」と振り返る。

東京都足立区の東京武道館に避難している被災者と話をする両陛下（2011年３月）

岩手県宮古市の宮古市民総合体育館の避難所で暮らす人たちに声をかける両陛下（2011年５月）

被災地訪問を続けていた陛下の体調は万全ではなかった。この年の2月、心臓を取り巻く冠動脈の動脈硬化のほか、血管の幅が狭くなる狭窄《きょうさく》も見つかった。翌2012（平成24）年の2月には狭窄がやや進行していることが判明。自覚症状はないものの、ある程度の運動をした際に時折、心臓に栄養などが行き渡らない「虚血《きょけつ》」状態になることも確認されていた。

2月18日、陛下は約4時間にわたる心臓バイパス手術を受けた。投薬治療で対処する方法もあったという。だが医師団は、長距離移動を必要とするような公務を含め、従来どおりの活動継続に強い意欲を示す陛下の思いを踏まえ、「生活の維持と更なる向上」のために手術を行い、懸念材料を取り除くべきだと判断した。手術の時期は、震災から1年にあたる3月11日の追悼式への出席が可能になるよう、陛下の意向で決まったという。

そして、3月4日に退院。11日には皇后さまとともに、東京・国立劇場で開かれた追悼式に出席した。

被災地に届けたこまやかな気遣い

震災後に届けられた19冊の本

２０１１（平成23）年3月、東日本大震災の被害が連日報道される中、皇后さまはいても立ってもいられないようだった。天皇陛下とともに、救援や復旧活動などを知る人々を皇居・御所に招いて説明を聴く一方、自身が築いてきた人脈を生かし、日本で暮らす日系人の安否確認の現状を専門家に問い合わせるなどしていた。

「そちらで何かわかっていることはありますか」
「看護職は何か活動をされていますか」

大震災翌日の3月12日、高知市にいた日本看護協会の元会長、南裕子《みなみひろこ》さんの携帯電話が鳴った。皇后さまからだった。災害看護の第一人者である南さんは、皇后さまと20年来の交流がある。被害の全容がつかめない中、被災者の暮らしを案じ、現場の状況を知りたいという必死な気持ちが伝わってきた。

皇后さまは「被災地に一日でも早く伺ってお見舞いしたいが、今行けば現地に迷惑をかけてしまう。いつ、どのように行けるかを考えている」とも打ち明けた。電話は12日以降も続いたという。

「被災地の患者さんは困っていませんか」

震災から4日後、日本リウマチ財団理事の山本純己《やまもとすみき》さんにも皇后さまから電話がかかってきた。皇后さまは皇太子妃時代から患者と交流を続けており、薬不足や治療環境の悪化に直面していないかを気にかけていた。山本さんは「生きるか死ぬかの大災害では、直ちにリウマチ患者への手立てまでは行き届かないのでは」と懸念していたが、皇后さまからの気遣いの電話が患者支援を本格化させる後押しになったという。

山本さんによると、皇后さまは阪神大震災の被災者を見舞ったことをきっかけに、災害時の患者のサポート態勢を常に心配していた。

被災者を案じる皇后さまは、できる支援から行動に移していた。旧知の岩手県在住の編集者、末盛千枝子《すえもりちえこ》さんが被災地の子どもたちに絵本を届ける活動をしていることを知ると、手元にある絵本などを送り始めた。「2冊ある本があるから、まずそれを送ろうかしら」。そう電話があったという。

2011（平成23）年4月、母子が互いを思いやる姿を描いた『三月ひなのつき』と『龍の子太郎』が、同年12月には力を合わせることの大切さが伝わる『おおきなかぶ』など6冊が届いた。その時々の子どもたちの様子に気を配ったような本だったといい、2013（平成25）年8月までに19冊が届いた。末盛さんは「大変な状況にある子どもたちにとって、本がどれだけ大切なものになるかを、皇后さまもよくおわかりだった」と振り返る。

なぜ人の苦労や悲しみがわかるのか

心配りは、さりげない言葉や仕草にも表れる。南さんによると、2000（平成12）年の北海道・有珠山《うすざん》の噴火災害の際、ニュースを見て「避難所の人たちの唇が荒れていいます。リップクリームがいるのではないでしょうか」と心配していた。

2016（平成28）年4月の熊本地震の被災地を翌月に見舞った際は、熊本県民から愛されるゆるキャラ「くまモン」のピンバッジを洋服の腰元に付けていた。その3年前、熊本で開かれた「全国豊かな海づくり大会」の際に蒲島郁夫《かばしまいくお》知事から贈られたものだった。

元側近は「皇后さまのこまやかな配慮が、より一層、国民と皇室の距離を近付けたと思う」と指摘する。皇后さまは1998（平成10）年5月の記者会見で、海外王室の事例を踏まえた「国民との距離感」にまつわる質問に、こう語った。

「皇室の役割にふさわしい『在り方』という中に、きっと『親しさ』の要素も含まれておりますでしょう。ただ、それぞれの王室や皇室に、どのような親しさを、どのような度合いでもって国民が求めているか、また、どのような形においてそれを感じたいと思っているか、というところに国民性の違いがあると思いますし、また、違いがあってよいものだと思います。西欧の王室にあっても、このようなことへの対応は必ずしも一様であるとは思いません。私どももこの国にふさわしい形で、国民と皇室との間の親しみを大切に育んでいきたいものと考えています」

皇后さまの繊細な気遣いを知る南さんは「なぜ人の苦労や悲しみがそんなにわかるのですか」と尋ねたことがある。

「多くの人々との出会いがあり、出会った人々から教えられてきました」

皇后さまはそう答えたという。

天皇陛下を語る

〜五百旗頭真〜

五百旗頭真（いおきべ・まこと）
1943年、兵庫県生まれ。京都大学大学院修了。法学博士。専攻は日本政治外交史。神戸大学教授、防衛大学校長などを経て、2012年から熊本県立大学理事長（2018年3月退任）、16年からアジア調査会会長。2018年4月、兵庫県立大学理事長に就任する。

――五百旗頭《いおきべ》さんは、天皇陛下に何度も会い、専門である政治外交史のほか、災害についても進講をしてきました。東日本大震災後の2011（平成23）年7月には「復興構想会議」の議長としてまとめた提言を説明されました。

宮内庁から話があり、議長代理の御厨《みくりや》貴《たかし》さんと検討部会長の飯尾《いいお》潤《じゅん》さんの3人で高台移転や産業復興などのプランを説明しました。陛下は皇后さまと既に3月後半から被災者を見舞っておられ、実情をよくご存じでした。

――陛下はどういった考えで、災害の被災地を訪ねていると思われますか。

陛下は、象徴とは単なる存在ではなく、国民の分断や不幸に対してそれを統合する役目があるという非常に強い使命感をお持ちだと思います。だからこそ、雲仙・普賢岳の噴火以降、必ずいらして被災者の手を取られるのだと思います。災害で不幸な境遇にある人の手を取って寄り添い、共同体から疎外されかねない人を決して放置しないとの考えを示されており、それは障害を持つ人たちへも同じです。能動的な象徴だと思います。

――陛下は復興状況も気にかけます。

阪神大震災（1995〔平成7〕年1月）の後も、貝原俊民《かいはらとしたみ》兵庫県知事（当時）を毎年のように御所に招いて復興状況の説明を受けられたと聞きました。熊本地震（2016〔平成28〕年4月）では、2017（平成29）年と2018（平成30）年、蒲島郁夫熊本県知事が御所に招かれました。私も同席しましたが、復興の様子を熱心に質問されました。私が別の機会にお会いした時も、災害や復興の様子をよく尋ねられます。

——陛下のお見舞いにはどういった意味があるのでしょうか。

阪神大震災で被害を受けた兵庫県淡路島の北淡町《ほくだんちょう》（現・淡路市）の小久保正雄《こくぼまさお》町長（当時）によると、突然の震災で心が荒れ、ささくれだったところに両陛下の訪問があり、「我々ももう一度頑張ろう」と心が一つになったといいます。生活再建や復興は政治や専門家の仕事ですが、陛下によるお見舞いは祈りであり、心の一体性を支える意味があります。平成の時代に両陛下が築かれたもので、ここまでされるとは誰も想像していなかったのではないでしょうか。

◆天皇、皇后両陛下の主な被災地お見舞い

年月日	場所	災害
1991(平成3)年　7月10日	長崎県島原市など	雲仙・普賢岳噴火
1993(平成5)年　7月27日	北海道奥尻町など	北海道南西沖地震
1995(平成7)年　1月31日	兵庫県芦屋市、神戸市、北淡町（現・淡路市）など	阪神・淡路大震災
2004(平成16)年 11月 6日	新潟県長岡市、小千谷市	新潟県中越地震
2007(平成19)年 8月 8日	新潟県柏崎市、刈羽村	新潟県中越沖地震
2011(平成23)年 3月30日	東京都足立区の東京武道館（避難所）	東日本大震災
4月 8日	埼玉県加須市の旧騎西高等学校（避難所）	東日本大震災
4月14日	千葉県旭市	東日本大震災
4月22日	茨城県北茨城市	東日本大震災
4月27日	宮城県南三陸町、仙台市	東日本大震災
5月 6日	岩手県釜石市、宮古市	東日本大震災
5月11日	福島県相馬市、福島市	東日本大震災
2012(平成24)年 10月13日	福島県川内村など	東日本大震災
2013(平成25)年7月4～5日	岩手県大船渡市、陸前高田市など	東日本大震災
2015(平成27)年 10月 1日	茨城県常総市	関東・東北豪雨
2016(平成28)年 5月19日	熊本県南阿蘇村、益城町	熊本地震
2017(平成29)年 10月27日	福岡県朝倉市、大分県日田市	九州北部豪雨
2018(平成30)年 9月14日	岡山県倉敷市	西日本豪雨
9月21日	愛媛県西予市、広島県呉市	西日本豪雨
11月15日	北海道厚真町	北海道胆振東部地震

コラム

皇室豆知識2

皇室報道

「おかしな例ですが、私が『柳行李一つで』と皇后に結婚を申し込んだと今も言われていますが、このようなことは私は一言も口にしませんでした」

2001（平成13）年の誕生日にあわせた記者会見で、天皇陛下はこう述べた。皇太子妃雅子さまの妊娠、出産を巡り報道が加熱した時期であったことなどから、皇室の活動とプライバシーの在り方について質問があり、それに答えた際の一節。陛下は、ご自身の結婚当時のエピソードとして広く知られていた「行李一つで」発言を否定。皇室報道において、誤った情報が長く独り歩きする危険性、それを訂正する難しさを示唆した。

皇室担当の記者であっても、記者は天皇、皇后両陛下と自由に会話することはできないため、記者は、宮内庁幹部や側近、両陛下の知人や友人たちから話を聞く「周辺取材」に励むことになる。新聞もテレビも週刊誌も同様だ。一つのエピソードに複数人から証言を得るようにするなど慎重に取材を進めるが、そこで得た情報が正しいか否か、両陛下に逐一確認はできない。両陛下も、誕生日や外国訪問前に行われる数少ない記者会見の機会に、細々とした報道を取り上げて否定することはない。「柳行李一つで」発言についての陛下の説明は、記者の質問が「報道とプライバシー」にちなむ内容であったために可能だったとも言える。

陛下は会見で「プライバシーを保ちつつ、国民の関心にどのようにこたえていくかということは、常に難しい問題」とも述べた。皇太子さまらお子様たちの成長の様子を積極的に公開してきたが、その裏には不安もあり、皇后さまや宮内庁と相談しながら進めてきたことを明かした。1996（平成8）年の会見では、皇室批判の報道などへの見解を問われ「皇室報道に限らず、報道について、一般的に言えることは、言論の自由が保たれていることと、事実に基づく報道がなされることとが共にあいまって尊重されてほしい」と述べた。

第三章 ▼ 忘れない

たとえ人々の記憶や関心が薄れても

天皇、皇后両陛下は、政治学者や歴史学者らを皇居・御所に招いて懇談するなど、皇太子ご夫妻時代から多くの有識者たちと親交がある。政治や国際問題などについて学び、その時々のニュースも話題になるという。社会情勢や人々の暮らしぶりに常に目を配り、自分たちの気付かない困難な環境に苦しむ人がいるのではないか、把握していない社会問題があるのではないかと常に気にかけているという。災害直後の被災地だけではなく、その復興を長い歳月にわたって見守ることや、戦下の民間人の犠牲に関心を寄せ続けることは、そうした思いの延長線上にあるのだろう。

たとえ社会の関心が低くても、自分たちが大切だと思う課題には積極的に関わることで、光を当ててきたように見える。戦後70年以上を経ても、戦争の歴史を忘れてはならないという思いを行動で示してきた。

多忙な公務の合間を利用した私的な旅行で長野県阿智村の「満蒙開拓平和記念館」を見学したり、恒例行事のためではなく「対馬丸記念館」を見学するために那覇市まで足を運んだりしたことは、その代表例だろう。

戦争の犠牲について、陛下は「忘れてはならない」という主旨の発言をくり返してきた。

2018（平成30）年8月15日、在位中最後の出席となった全国戦没者追悼式のあいさつでは、「戦後の長きにわたる平和な歳月に思いを致しつつ」という過去の発言になかった一節を加えた。前例踏襲が続いていた中、最後にあえて戦後の歩みを振り返る新たな言葉を添えたのは、平和が長く続いた尊さをかみ締めているようだった。戦争があった過去を忘れないでほしいという社会へのメッセージのようにも感じられた。

果たされた小さな約束

早朝のサプライズ

避難生活が1年に及び、生まれ育った島に帰るめどは立たない。そんなある日、とある一家にサプライズが起きた。

2001（平成13）年8月28日、伊豆諸島・三宅島（東京都）の噴火で静岡県下田市に避難し、借家住まいをしていた池田弘子《いけだひろこ》さんは早朝、訪問客を知らせる近所の人の声で目が覚めた。ドアを開けると優しくほほ笑む天皇、皇后両陛下と紀宮さま（黒田清子《さやこ》さん）の姿があった。

弘子さんの長女実央《みお》さんは当時7歳で小学2年生。弘子さんにおぶられた実央さんに皇后さまは話しかけた。

「ごめんなさい。起こすつもりはなかったの」

その前日、両陛下は静養のため、紀宮さまと共に下田市にある須崎御用邸に入った。夕方には、噴火災害のため島を離れた島民が暮らす市内の「下田臨海学園」を訪ねた。島民の避難生活を見舞いたいとの思いからだった。学園に集まっていたのは、学園の周辺で生活している島民を含む約30人。実央さんは無邪気に「今度、うちに遊びにきてください」とあいさつした。皇后さまは笑みを返して応じた。

弘子さんと夫の裕次《ゆうじ》さんはその時、そばにいた宮内庁職員らしき人が、少し困ったような顔をしているのが目に入った。

「子どもとの約束は守りますからね……」

そうささやかれたように記憶している。だが、「そんなわけないだろう」と夫婦で話していたという。

ところが、その翌日、約束は果たされた。池田さんの借家から御用邸が見える。「散策のついでにね」。皇后さまは弘子さんにそう告げたという。

三宅島は2000(平成12)年6月から、島中心部にそびえる雄山《おやま》の火山活動が活発化した。7月からは断続的に噴火し、泥流被害などの危険が高まったため三宅村は9月1日に全島に避難指示。島民約3800人が島外に避難した。

下田に避難した島民の多くは、持ち船の係留地が必要な漁師たちだった。早く帰島したいが、先行きの見えない生活に不安を募らせていた。三宅島からは日帰りで船を出せる南海の漁場も、下田からは遠く、何日も家を空けることがある。弘子さんはその朝も裕次さんが漁に出るのを見送り、再び寝床に入ったところだった。

両陛下と何を話したのか、驚きのあまりよく覚えていない。だが「あのサプライズ訪問で本当に勇気づけられた」と弘子さんは振り返る。実央さんは翌日、両陛下の似顔絵を描いたお礼の手紙を送った。

「三宅島にもどれるようになったらあそびにきてね」

そのお願いも、5年後にかなえられることになる。

静岡県下田市柿崎の下田臨海学園で三宅島から避難してきた人たちに生活の様子を聞く両陛下（2001年８月）

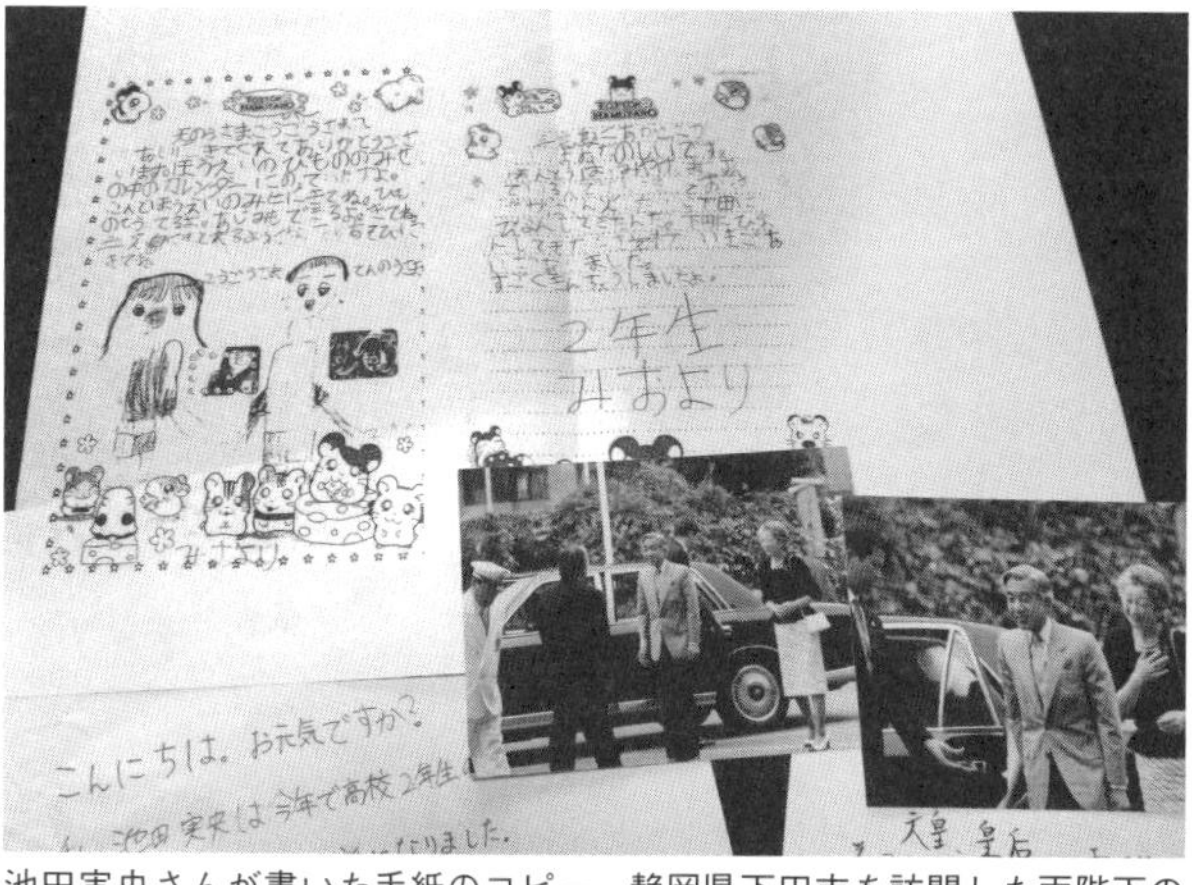

池田実央さんが書いた手紙のコピー。静岡県下田市を訪問した両陛下の写真と一緒に大切に保管している

なぜ鉢は緑色になったのか

山頂付近から大量の火山ガスの噴出が続き、島民の避難生活は長引いた。島民の雇用対策として、東京都江東区に農場「ゆめ農園」が開設された。2003（平成15）年4月30日、天皇、皇后両陛下は「ゆめ農園」を訪ねた。陛下は、岩のようにごつごつした植木鉢に目を留めた。「これは何?」。作業所の一隅に立ち止まり、作業をしている人らに問いかけた。陛下が関心を寄せたのは、三宅島の新たな特産品にしようと溶岩を利用して作られた「溶岩鉢」。陛下は見入り、質問を重ねた。鉢は訪問のお礼として皇居・御所に届けられた。

両陛下が、東京都あきる野市で暮らす三宅島の中高生らに、アイスクリームを贈ったこともある。栃木県の御料牧場の牛乳や卵で作ったアイスだった。両陛下と島民はさまざまな交流があった。

避難指示が解除されたのは2005（平成17）年2月。両陛下と実央さんの出会いから約5年がたった2006（平成18）年3月、両陛下の三宅島訪問が実現した。

島内には火山ガスによる居住制限区域が残り、雨が降るとガスの成分の影響で肌が赤くなることもある。このため、ガスマスク携行での三宅島入りとなった。ヘリコプターから降りた陛下は出迎えの人々に歩み寄り、車いすの高齢者らに声をかけた。雨が降ったが傘を断り、ズボンの裾はぬれていたという。

両陛下は、小学校や高齢者施設などを回り、復興に励む島民に声をかけた。溶岩鉢を発案した元三宅村森林組合事務長の守屋広次《もりやひろじ》さんは、皇后さまから「いただいた鉢はきれいな緑色になりましたよ」と声をかけられ、一瞬戸惑う。茶色や黒の溶岩が緑色に変色するはずがなかった。そして思い当たった。溶岩鉢の難点である「微細な穴からの水漏れ」の防止策として施したコケ。「鉢に花を植え、水を与え続けたのでコケが成長したのだ」と納得した。溶岩鉢を作っていた時、そんなに長い間世話をしてもらうことは想定していなかった。

2004～12（平成16～24）年まで三宅村村長だった平野祐康《ひらのすけやす》さんは、復興状況を説明するため御所を訪ねたある時、部屋の隅に花を植えた溶岩鉢が置かれていたのを

天皇陛下に贈った溶岩鉢の思い出を友人に語る平野祐康・前三宅村村長（写真右）（2018年３月）

見た。三宅島の代表的な草花の一つ、イソブキのように見えた。陛下は「私が毎日水をやっています」と話したという。平野さんは「島のことを思い続けてくださった。両陛下の来訪で『島は安全だ』とわかってもらえて、観光客も来るようになりました」と振り返る。

両陛下と三宅島の島民との長きにわたる交流は、避難生活が長引いたことによる特別なケースというわけではない。両陛下は常に、被災者のその後や復興状況を気にかけ、被災地に関心を寄せ続けてきた。

忘れられた被災地

2016（平成28）年6月5日、第67回全国植樹祭が長野市で開かれた。両陛下はヒノキの苗木などを植える式典に出席した後、宿泊先のホテルに長野県北部地震（2011〔平成23〕年3月12日）で被害を受けた同県栄村の村長と住民ら5人を招き、懇談した。住民との懇談は2012（平成24）年7月に栄村を見舞って以来で、両陛下の希望だった。

震度6強の地震に見舞われた栄村は、その地震が東日本大震災の翌日だったために注目が集まることは少なく「忘れられた被災地」とさえ言われる。栄村では、10人が負傷し、避難後に死亡した3人が災害関連死と認定された。全村民の8割の約1800人が一時避難し、全壊194棟、半壊310棟の被害が出た。

懇談の場で、村長から復旧がほぼ完了したと報告を受けた両陛下は、安堵《あんど》の表情を浮かべた。村民たちは、牛舎が潰れたこと、田んぼがひび割れたこと、仮設住宅での暮らしが1年以上続いたことなどを説明した。陛下は「牛は大丈夫でしたか」「(田んぼは)震災前と同じぐらいまでに回復しましたか」「仮設住宅で一番大変だったことはなんですか」などと村民に質問を重ねた。皇后さまは「体をこわされませんでしたか」「ご苦労なさいましたね」「お話をきかせてくださってありがとう」などと気遣った。

最後に陛下は「(災害は)あってはいけないことですけれども、今度の震災でより地域に安全性が増す地域になることを願っています」と述べた。

◆天皇、皇后両陛下と三宅島噴火災害の関わり

2000(平成12)年6月26日	三宅島で噴火の恐れと気象庁が緊急火山情報
7月 8日	雄山が噴火。以後、規模を拡大しつつ断続的に噴火
8月31日	噴火災害が続いている状況を考慮し、天皇、皇后両陛下の御用邸でのご静養取りやめを宮内庁が発表
9月 1日	泥流被害の恐れもあり、全島民（噴火発生当時約3800人）避難を決定。4日までに島民避難。火山ガス噴出が深刻化し、ライフライン関係者も16日離島
9月 4日	東京都立秋川高校に避難した島の児童生徒たちに両陛下が宮内庁御料牧場の牛乳を贈る。以後もお汁粉やアイスクリームをプレゼント
12月20日	避難生活中の秋川高校を皇后さまが慰問
2001(平成13)年7月26日	両陛下が神津島にあった現地対策本部を訪れ、避難者を慰問。ヘリで上空から三宅島も視察
8月28日	両陛下が静岡県下田市の須崎御用邸での静養に合わせ、同市に避難中の島民を慰問。池田実央さん（小2）の願いを聞き、翌朝避難先をサプライズ訪問
2002(平成14)年3月18日	島民が農作業に取り組む東京都八王子市の「げんき農場」を両陛下が慰問
2003(平成15)年4月30日	島民が花き栽培などに取り組む東京都江東区の「ゆめ農園」を両陛下が慰問。島民が取り組む「溶岩鉢」作りも見学
2004(平成16)年5月20日	島の高齢者が避難生活を送る東京都北区の支援施設を両陛下が慰問
7月20日	平野祐康村長（当時）が05年2月の避難指示解除を表明
2005(平成17)年2月 1日	災害対策基本法に基づく避難指示を解除。4年5カ月ぶり帰島開始
2006(平成18)年3月 7日	両陛下が三宅島を訪問
2011(平成23)年 1月18日	火山ガスの減少を受け、島内全集落を居住可能とする条例改正が成立
8月12日	噴火災害を生き抜いた犬をモデルにした映画「ロック～わんこの島～」を両陛下が東京都港区の映画館で鑑賞
2015(平成27)年6月 5日	気象庁が三宅島の噴火警報を解除。噴火警戒レベルは2（火口周辺規制）から1（平常）に

約30分の懇談の後、出席した住民の一人は、こう感想を語った。

「5年たった今も栄村を思ってくださったんだなと思いました。本当に忘れられた被災地という感じでしたが、寄り添ってくださるお気持ちに感謝し、大事にしたい」

撃沈の悲劇を思う

機中からも見つめて

２０１７（平成29）年11月16日、天皇、皇后両陛下は飛行機の窓から、眼下に広がる景色を見つめた。厚い雲が広がり、海は見えなかったが、両陛下が確認しようとしたのは、太平洋戦争中の学童疎開船「対馬丸」が撃沈された鹿児島県・トカラ列島の悪石島《あくせきじま》の海域だった。鹿児島県の離島訪問を目的とした旅路の、屋久島から沖永良部島《おきのえらぶ》へ向かう機中。いつも座る左側の席ではなく、海域を見るために右側に座った。

１９４４（昭和19）年８月21日に那覇から長崎へ向かった学童疎開船「対馬丸」は22日夜、悪石島沖で米潜水艦の魚雷攻撃を受け、沈没した。乗船者１７８８人のうち

784人の学童を含む1482人が亡くなったとされる。

両陛下の対馬丸への思いは深く、対馬丸の船体が海底で発見された1997（平成9）年12月、誕生日にあわせた記者会見で陛下はこう語っている。

「学童疎開船対馬丸が米国の潜水艦に沈められ、その船体が悪石島の近くの海底で横たわっている姿がテレビの画面に映し出されました。私と同じ年代の多くの人々がその中に含まれており、本当に痛ましいことに感じています」

陛下の訪問と白いレース

撃沈から70年にあたる2014（平成26）年6月27日、両陛下は、沖縄県那覇市にある対馬丸記念館を訪ねた。両陛下の意向で実現した訪問だった。亡くなった子どもたちの写真が並ぶ展示室を見学した後、生存者や遺族15人と懇談した。

飲まず食わずの漂流中、小水を飲んだことを説明した生存者もいた。飢えと喉の渇きの記憶、家族を亡くした悲しみに、両陛下は耳を傾けた。そして、「どのようにして助けられたのですか」「たいへんな日々を過ごされましたね」と言葉をかけた。

両陛下を案内した対馬丸記念会理事長の高良政勝《たからまさかつ》さんは「一人ひとりの話を受け止める両陛下の姿に心を打たれた」と回顧する。記念館は、対馬丸事件の遺族や生存者らが中心になって２００４（平成16）年8月に開館した。高良さんは、設立に奔走した一人。準備の時期、戦没者慰霊に熱心だった橋本龍太郎元首相（２００６〔平成18〕年死去）の助言を求め、東京都内の事務所を訪ねたことがある。その時、一首の短歌を書写した額が目に入った。

疎開児の命いだきて沈みたる船深海に見出だされけり

「対馬丸を詠んだような歌ですね」。橋本元首相に尋ねると、海底で船体が発見されたことを陛下が詠んだ歌だと聞かされた。その時はじめて、陛下の対馬丸への思いに触れた。開館後の２００６（平成18）年、高良さんは侍従長に陛下の来訪を願う手紙を出した。その8年後、両陛下の訪問が実現した。

念願かなっての大歓迎と思いきや「実のところ、もろ手を挙げてお迎えしていいのかという思いもありました」と高良さんは打ち明ける。両親、きょうだいら家族11人で対馬丸に乗り、姉と自分だけが助かった。漂流した時、海水が鼻に入って苦しかった記憶は鮮明だ。当時4歳。荒れる海を漂った2日間、鼻や目に入る海水の痛みに耐えた。家族のほとんどと二度と会えなくなった。「家族は天皇の名の下に起きた戦争で殺された」という思いは消えていないという。手紙を出した理由は簡単には説明できない。「天皇としての立場の人にこの悲劇を直接伝えたい思いもありましたし、あの歌を詠んだ陛下ならばきっと来てくれるという思いもありました。他にもいろいろです」

両陛下を迎えた当日、高良さんの前に、緊張しながらも精いっぱいの思いを吐き出した生存者たちと、いたわりの言葉をかける両陛下の姿があった。「自分の中で一つの区切りになったのかもしれない。改めて、これからも歴史を伝えていこうと思いました」と話す。

両陛下との面会に参加しなかった生存者もいる。元教師の糸数裕子《いとかずみつこ》さんはその一人。引率した多くの教え子が亡くなった。「遺族に合わせる顔がない。でも祈りにきてくださる鎮魂の場をきれいにしたい」。そんな思いから、自身で編んだ白いレースを記念館に託した。

両陛下は記念館を見学前、犠牲になった子どもたちの慰霊碑「小桜の塔」に花を供えた。糸数さんのレースは両陛下が供花した献花台と記念館の休憩室のテーブルに敷かれた。いきさつを聞いた皇后さまから後日、「よろしければ1枚いただけませんか」との望みが宮内庁を通じて伝えられたという。記念館のレースの1枚が、御所に届けられた。

沖縄県那覇市の対馬丸記念館で対馬丸の遺族や生存者と懇談する両陛下
(2014年6月)

戦争の記憶を風化させない

陛下は皇太子時代の1975（昭和50）年以降、沖縄を11回訪ねた。訪問の度に戦没者を追悼し、遺族や体験者たちの話を聞いた。2012（平成24）年11月の9回目の訪問を終えた翌月、誕生日の記者会見でこう語っている。

「沖縄は、いろいろな問題で苦労が多いことと察しています。その苦労があるだけに日本全体の人が、皆で沖縄の人々の苦労をしている面を考えていくということが大事ではないかと思っています。地上戦であれだけ大勢の人々が亡くなったことはほかの地域ではないわけです。そのことなども、段々時がたつと忘れられていくということが心配されます。やはり、これまでの戦争で沖縄の人々の被った災難というものは、日本人全体で分かち合うということが大切ではないかと思っています」

戦争の記憶が風化しつつあることへの危機感がにじむ。

両陛下が対馬丸記念館を訪ねた年、記念館の入館者は急増し、前年の倍近くになった。だが、その増加傾向は長く続かなかった。両陛下の訪問によってようやく集まる史実への関心も、一過性で終わるのが現実だ。

亡くなった子どもたちの顔が今も浮かぶという糸数さんには、戦後70年を過ぎても慰霊を続ける陛下の姿がありがたく映る。半面、申し訳なさや心苦しさも感じるようになったという。

「平和のために行動することを、陛下だけが背負っておられるように思えます」

糸数さんの手編みのレースは、御所に飾られたという。

観音崎の祈り

ひっそりと建つ慰霊碑に光を当てる

神奈川県横須賀市にある観音崎《かんのんざき》公園の海を望む高台に、太平洋戦争で亡くなった約6万人の民間船員を悼む「戦没船員の碑」がある。「二度と戦火のないように」と、海運・水産関係者の呼びかけで公園に慰霊碑が建てられたのは1971（昭和46）年。「安らかに　ねむれ　わが友よ　波静かなれ　とこしえに」と刻まれた。終戦からしばらくたっていたこともあり、慰霊碑の存在を知らない戦没船員の遺族も少なくない。その慰霊碑に、天皇、皇后両陛下は皇太子ご夫妻時代からたびたび足を運んだ。

戦時中、商船や漁船などが強制的に国の管理下に置かれて武器輸送などに従事した。

非武装で満足な護衛艦もつかない民間船は敵軍の格好の標的となり、船員約6万人が亡くなったとされる。約3割が未成年で若者の犠牲も多かった。

1971(昭和46)年5月6日、完成した碑の前で第1回追悼式が開かれ、皇太子ご夫妻だった両陛下が出席した。追悼式を主催する日本殉職船員顕彰会の記録によると、両陛下は強い雨の中、傘をささずに花を供えた。陛下は「新しく碑が建立されたのを機に、さきの大戦の中、きわめて困難な任務に従事して、ついに船と運命を共にした幾多の商船、漁船の乗組員の霊に、改めて深く哀悼の意を表するものであります」とあいさつ。雨にぬれている遺族の子どもに気付いた皇后さまは、自身が着席する天幕の中に、子どもとその母を招き入れたという。

皇后さまはこの時のことを歌にした。

かく濡れて遺族らと祈る更にさらにひたぬれて君ら逝き給ひしか

即位後も、陛下と皇后さまは慰霊碑の訪問を重ね、陛下は1992（平成4）年に戦没船員への思いを歌にした。

戦日に逝きし船人を悼む碑の彼方に見ゆる海平らけし

顕彰会の元役員で、追悼式や遺族の集いの開催に尽力した秦一生《はたかずお》さんは「あまり知られていない民間人の犠牲や慰霊碑の存在に両陛下が光を当ててくださったと思っています」と振り返る。

秦さんは両陛下が出席する第30回の追悼式を翌月に控えた2000（平成12）年4月、皇居・御所に招かれた。秦さんが説明するまでもなく、両陛下は、日本軍に徴用された民間船の実態についてよく知っていたという。陛下から、どのような人が追悼式に参列するのかについて質問があった。秦さんは「遺族の他、九死に一生を得た同僚たちが出席します」と答えた。

後日、追悼式に参列した陛下は「ここに祀《まつ》られた船員が、碑の前に広がる果てしない海に抱いたであろうあこがれと、その海が不幸にもその人々が痛ましい最期を遂げた場所となったことを思う時、かけがえのない肉親を失った遺族や亡くなった船員と共に航海をした同僚の人々が抱き続けてきた深い悲しみが察せられます」とあいさつした。秦さんは「仲間を亡くした船員の苦悩にまで思いをはせてくださったことに驚き、感動しました」と話す。

この時のあいさつで陛下は、こう続けた。

「戦後50年余を経て、当時の戦争のことが人々の心から次第に遠いものとなっていく今日、私どもは我が国の人々が戦後に築き上げた平和と繁栄が戦没船員を始めとする数しれない人々の尊い犠牲の上に達成されたものであることを決して忘れてはならないと思います」

両陛下は戦後60年の2005(平成17)年に戦没船員の遺族の集いに出席し、戦後70年に当たる2015(平成27)年には観音崎を再び訪ねた。そしてその年の記者会見で陛下は、戦没船員ら民間人の犠牲に触れた。

「今年は先の大戦が終結して70年という節目の年に当たります。この戦争においては、軍人以外の人々も含め、誠に多くの人命が失われました。平和であったならば、社会の様々な分野で有意義な人生を送ったであろう人々が命を失ったわけであり、このことを考えると、非常に心が痛みます。軍人以外に戦争によって生命にかかわる大きな犠牲を払った人々として、民間の船の船員があります。将来は外国航路の船員になることも夢見た人々が、民間の船を徴用して軍人や軍用物資などをのせる輸送船の船員として働き、敵の攻撃によって命を失いました。日本は海に囲まれ、海運国として発展していました。私も小さい時、船の絵葉書を見て楽しんだことがありますが、それらの船は、病院船として残った氷川丸以外は、ほとんど海に沈んだということを後に知りました。制空権がなく、輸送船を守るべき軍艦などもない状況下でも、輸送業務に携わらなければならなかった船員の気持ちを本当に痛ましく思います」

2019（平成31）年1月21日、両陛下は観音崎で白菊の花束を供え、深々と一礼した。雲一つない晴天の中、日差しを受けて光る穏やかな海を感慨深げに見つめた。静養で葉山御用邸に入る前の立ち寄りで、8回目の訪問だった。在位中は最後となる祈りを捧げた後、陛下は顕彰会の関係者たちに「亡くなった人のためにこれからもよろしくお願いします」と伝えた。

父を亡くした後藤美津子《ごとうみつこ》さんは、両陛下を出迎えた遺族の一人だ。

「父の遺骨はありません。海を見渡すこの慰霊碑が、父や仲間を見守り続けてくれると思っています。この場所まで両陛下がたびたび来てくださったことに感謝の気持ちでいっぱいですし、父も喜んでいると思います」

観音崎公園の「戦没船員の碑」を訪れ、供花する両陛下（2019年１月）

「戦没船員の碑」に到着し、出迎えの人たちと言葉を交わす両陛下（2019年１月）

コラム

皇室豆知識3

両陛下の子育て

「私と皇后は、子供を手元で育てるという、前の時代には考えられなかった恵まれた機会を持つことができました」

1999(平成11)年の誕生日にあわせた文書回答で、天皇陛下はこうつづった。

昭和天皇の時代までは、しきたりとして天皇と皇后が子を直接養育することはなかった。陛下は3歳のころに親元を離れ、側近たちと過ごした。戦後に疎開先から帰京した後も東京都小金井市や渋谷区の専用の住まいで、両親と離れて暮らした。

この時の文書回答は、「家族はどういう存在か」という問いへの答えだった。

「私にとって家庭は心の平安を覚える場であり、務めを果たすための新たな力を与えてくれる場でありました。また、実際に家族と生活を共にすることによって、幾らかでも人々やその家族に対する理解を深めることができたと思います」

とも記した。

陛下は結婚までを振り返り「私は家庭生活をしてこなかった」と述べたことがある。

皇室の伝統と異なる手元での子育てを実践したのは、家族の気持ちを理解することで、国民の気持ちも理解できるとの考えがあったためだ。背景に、家族の在り方を含めた社会の変化もあった。お子様の入学式に出席したり、ご一家での登山を楽しんだりした。

皇后さまは2005（平成17）年、誕生日にあわせた文書回答でお子様たちとのエピソードを披露した。

「浩宮（東宮）は優しく、よく励ましの言葉をかけてくれました。礼宮（秋篠宮）は、繊細に心配りをしてくれる子どもでしたが、同時に私が真実を見誤ることのないよう、心配して見張っていたらしい節もあります。年齢の割に若く見える、と浩宮が言ってくれた夜、『本当は年相応だからね』と礼宮が真顔で訂正に来た時のおかしさを忘れません。そして清子は、私が何か失敗したり、思いがけないことが起こってがっかりしている時に、まずそばに来て『ドンマーイン』とのどかに言ってくれる子どもでした」

とつづった。

第四章

共に歩む

伝統を受け継ぎつつ自然体で

奈良時代の光明皇后は、孤児や病人らの救済施設「施薬院《せやくいん》」や「悲田院《ひでんいん》」を作ったとされる。皇室の伝統として、歴代の天皇、皇后は、さまざまな形で社会的に弱い立場にある人々に関心を寄せてきた。病院や福祉施設を運営する「済生会」は明治天皇の資金提供から始まった。昭和天皇と香淳皇后は各地で福祉施設を訪ねていた。

天皇、皇后両陛下はその伝統を確実に受け継ぐ一方、さらに踏み込んだ活動を重ねた。

その関心は国内にとどまらず、外国を親善訪問した際にも病院や福祉施設を積極的に巡った。そして1976（昭和51）年には障害者スポーツ発祥の地である英国のストーク・マンデビルを見学。両陛下の訪問をきっかけに英国女王もその後にストーク・マンデビルの施設を訪ねたという逸話は、両陛下の見識の鋭さを物語る。発展途上にある障害者の社会参加や、障害者スポーツなどを早くから心に留め、気さくな交流を通じて成長を見守ってきた。数多くの現場と福祉の最先端を知る「福祉の専門家」のようでもある。

ところが、取材を重ねると、「専門家」としての姿にも増して、自然体で交流する姿が印象に残る。

車いすバスケットボールなど障害者スポーツの観戦も、選手たちとの交流も、とても楽しそうだったという証言は数多い。福祉施設やハンセン病療養所などではいつも、体の不自由な人に目線や会話のタイミングを合わせ、いつのまにか入所者たちの輪に入っていく姿があった。心が通い合っているからこその自然体なのだろう。

情熱の医師との交流

生まれたばかりの大会に参加

1975（昭和50）年6月1日、大分県で第1回極東・南太平洋身体障害者スポーツ大会（FESPIC　フェスピック）が開幕した。当時、皇太子ご夫妻の天皇、皇后両陛下は、大分市営陸上競技場での開会式に出席した。梅雨入り前の快晴。陛下は「身体に障害のある方々にとって、スポーツは勇気と自信を与え、明るい生活を築くための大きな力になることと確信をしております。困難を乗り越え、はるばるこの大会に参加された皆さんの姿が、多くの身体障害者に希望と励ましを与えると思います」とあいさつした。

海外17の国と地域から選手約200人を迎えたフェスピック。当時を知る関係者は

「国際大会とはいえ、資金の多くに寄付金を充てていました。まさに草の根の力で歩き始めた大会でした」と話す。生まれたばかりの大会に足を運んだ両陛下は、アーチェリーや陸上などの競技を観戦し、選手たちと笑顔で交流した。車いすバスケットボールの選手で、開会式では選手宣誓をした吉永栄治《よしながえいじ》さんは「両陛下の出席によって大会は注目されましたし、盛り上がりました。お二人と話すと選手たちは良い笑顔になっていました」と振り返る。

区別のない社会を作り出す

「手作り」の大会に両陛下が出席した背景に、実行委員会事務局長を務めて大会を引っ張っていた別府市の整形外科医、中村裕《なかむらゆたか》さんとの親交がある。中村医師は、病気や事故で体が不自由になった障害者の社会復帰に向けて奔走していた。中村医師が両陛下と初めて会ったのは1960年代初め。英国で開かれていた障害者スポーツの国際大会「国際ストーク・マンデビル大会」に出場した日本人選手と、選手を率いた中村医師を、両陛下が東宮御所に招いた時だった。陛下が皇太子時代に名誉総裁を務め

「太陽の家」を見学する両陛下。左から３人目は中村裕医師（1975年６月）

た1964（昭和39）年の東京パラリンピックでは、中村医師が選手団長を務めた縁もある。

1965（昭和40）年10月、中村医師は障害者が働く施設を別府市に設立する。「障害者に仕事をさせるなんて無理」「働かせるのはかわいそう」という考え方が根強く残る当時、「保護より機会を」の信念で障害者の社会参加を目指した。当初の仕事は、竹工芸や木工などの作業だった。「太陽の家」と名付けられたその施設を、両陛下は1966（昭和41）年に初めて訪ねた。その後も中村医師との交流が続いた。

1981（昭和56）年9月29日夜、別府市のホテルで「障害者の雇用」をテーマにした懇談会が開かれた。中村医師の他、当時の県知事、ソニー創業者の井深大《いぶかまさる》氏、オムロン創業者の立石一真《たていしかずま》氏、ホンダ創業者の本田宗一郎《ほんだそういちろう》氏らが参加。中村医師から障害者雇用の意義を熱く説かれ、「太陽の家」での雇用創出などに協力した経済界の重鎮たちだった。

この懇談会に第1回全国豊かな海づくり大会への出席のため大分に滞在していた両

陛下も参加した。陛下の発言が記録に残る。

「学校の教育だけでは身障者と健常者が仲良く暮らしていける気持ちを育てるのは難しい。学校教育と家庭が一緒になって区別のない社会を作り出すことが大切ではないでしょうか」

中村医師の妻廣子《ひろこ》さんは「夫は誰に対しても並外れた情熱をぶつける規格外の人でした。障害のある人とない人の共生を目指した熱意を、陛下は受け止めてくださったのだと思います」と振り返る。

両陛下が示してきた障害者に寄り添う姿勢。その源流に、福祉の発展、障害者の社会参加に生涯をささげた人物との出会いがあった。

中村医師は1984（昭和59）年に57歳で急逝する。両陛下は連名でお悔やみの言葉と花を届けた。

「このたびは大変なことでおきのどくです
先生は長年にわたって

身体障害者のためにご尽力下さって
まだまだお若いのに
大変おしい方をなくされて残念です」

翌年11月、両陛下は中村医師の提唱で始まった大分国際車いすマラソン大会を観戦した。開会式のあいさつで陛下は冒頭、「この大会は、故中村博士の熱意と努力によって今日の隆盛を見るに至ったものであります」と述べた。そして「この大会のテーマは『新たなる挑戦、限りなき前進』であります。多くの困難を乗り越え、練習を積んでこられた選手の活躍する姿は、多くの身体障害者に大きな心の励みを与えることと思います」と語りかけた。

自然な優しさに勇気づけられる

両陛下は2000（平成12）年4月、大分県日出町で「太陽の家」の関連施設を見学。廣子さんは「寝たきりの障害者のところには耳元に歩み寄られ、車椅子の場合は腰を落とされる。両陛下が障害者に接する姿はとても自然で、思いやりに満ちています」と話す。「太陽の家」はオムロンやソニーなど大企業と共同出資した会社を立ち上げ、障害者が働く場を次々と広げていた。両陛下は2012（平成24）年12月、京都市の「京都太陽の家」を訪ねた。

さらに2015（平成27）年10月、別府市で開かれた「太陽の家」の創立50周年式典にも出席した。式典で記念のスピーチをしたのは、両陛下を迎えた1975（昭和50）年の第1回フェスピックで宣誓し、太陽の家で働いた吉永さんだった。

「大きな希望に向かって走り続けたのです。今日は何が起こるか、明日は何が変わるかと、毎日が胸膨らむ気持ちで仕事に打ち込んでいたころが懐かしく思い出されます」

中村医師と過ごした日々を振り返った。両陛下はそのスピーチに拍手を送った。

吉永さんは「両陛下の温かいまなざしや、自然な優しさに、多くの人が力づけられてきました」と話す。

両陛下は式典の後、施設内のトレーニングルームでパラリンピック出場を目指す選

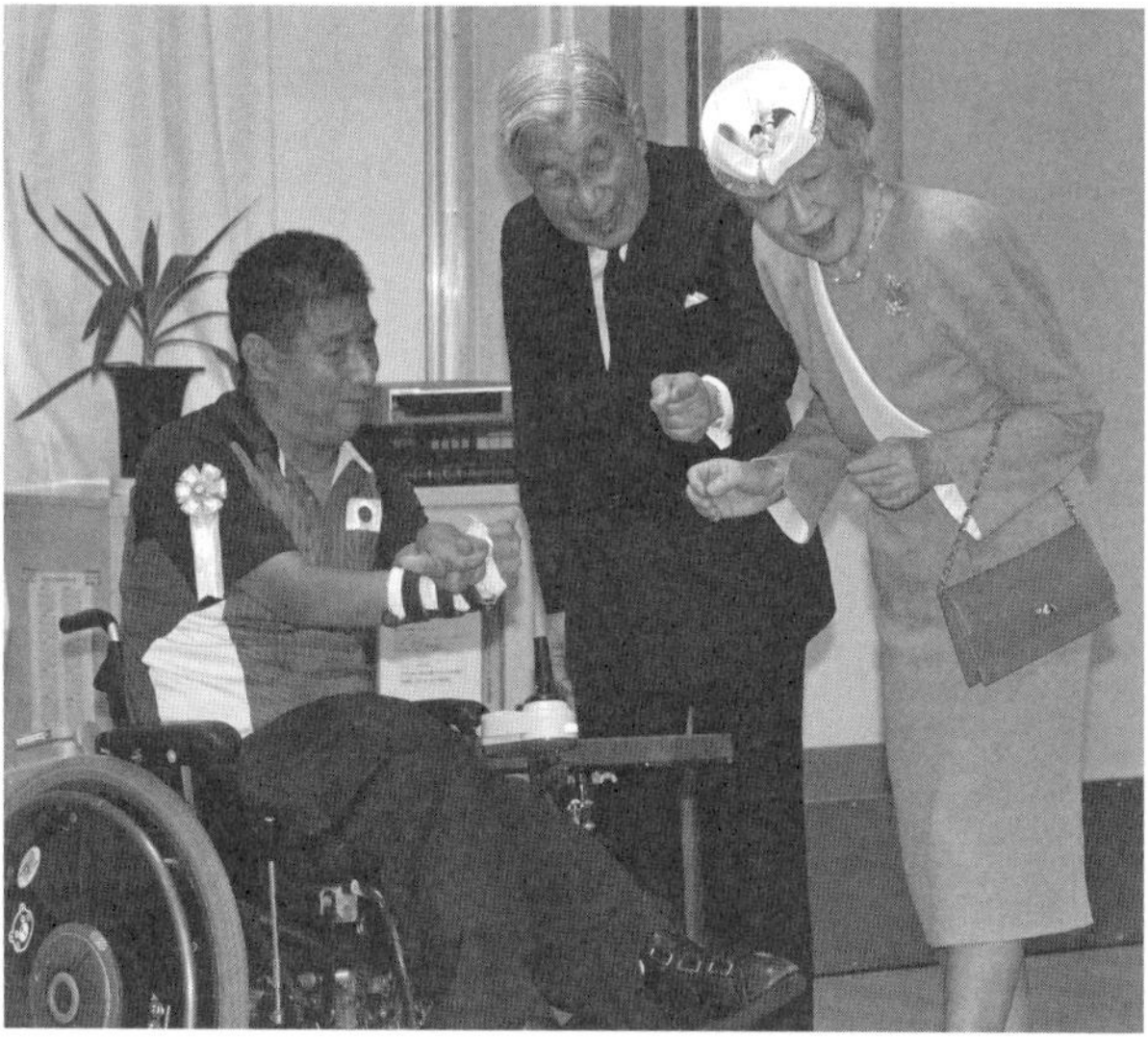

「太陽の家」で2020年東京パラリンピック出場を目指すボッチャの木谷隆行選手と懇談する両陛下（2015年10月）

手たちと面会。陛下は卓球の宿野部拓海(しゅくのべたくみ)選手に「ちょっとやりましょうか」と声をかけ、ラリーを楽しんだ。長いラリーになり、皇后さまが落ちたピンポン球を拾った。宿野部選手は、「真剣で力強い卓球でした。点を取ろうという思いが伝わってきた」と報道陣に笑顔を見せた。

障害者スポーツへの声援

先を見通した陛下の問いかけ

「健常者のスポーツは文部省、障害者のスポーツは厚生省と分かれていて問題はないのでしょうか」

天皇陛下からそう問いかけられたことを、日本障がい者スポーツ協会（障スポ協会）の元会長、北郷勲夫《ほくごういさお》さんは記憶している。1995（平成7）年に会長に就任してから間もないころだった。傷病者のリハビリから始まった障害者スポーツは当時、旧厚生省の所管だった。

「はっとさせられました」

障害者スポーツの発展に思いを巡らせているからこその発言だと、北郷さんは受け止めた。障害者スポーツの認知度、支える組織がまだまだ不安定な状態だったころで、より一層、競技の普及などに努めようと考えるきっかけになったという。

障スポ協会は2000（平成12）年に日本体育協会（現・日本スポーツ協会）に加盟する。各競技の大会運営の基盤が整っていった。2014（平成26）年度には、障害者スポーツの所管官庁が厚生労働省から文部科学省に移る。障害の有無に関係なく、同じスポーツとして同じ省庁の管轄になった。「陛下は私よりずっと先を見ていらっしゃったということですね」と北郷さんは振り返る。

ファンとして試合を楽しむ

1981（昭和56）年5月、皇太子ご夫妻時代の天皇、皇后両陛下が日本車いすバスケットボール選手権大会を観戦された時のスナップ写真が残る。会場は学校法人佼成学園（東京都杉並区）の体育館。舞台上に作られた簡素な〝ロイヤルボックス〟で両陛下は笑顔で観戦した。当時15歳の礼宮さま（秋篠宮さま）、当時12歳の紀宮さま

（黒田清子さん）も一緒だった。日本車いすバスケットボール連盟の一員だった山崎《やまざき》道男《みちお》さんは、

「両陛下は舞台を降り、選手と笑顔で会話を弾ませていました。とても楽しそうだったことを覚えています」

と話す。

126頁の写真（上）の中で両陛下の間に座る男性は、日本車いすバスケットボール連盟の会長だった浜本勝行《はまもとかつゆき》さん（故人）。東京パラリンピックに出場後、クラブチームを結成し、連盟を設立するなどした車いすバスケの「育ての親」だ。

日本の車いすバスケは、1964（昭和39）年の東京パラリンピックで海外チームに刺激を受けた選手たちが裾野を広げてきた。満足な試合経験もないまま、施設や病院で暮らす人々が「日本代表選手」として東京パラリンピックに出場していたような時代。当初、車いすで出入りできる段差の少ない会場を探すのさえ難しかったという。大会運営の資金繰りも苦しく、連盟スタッフや選手自身が地道にスポンサー企業を探

日本車いすバスケットボール選手権大会を観戦される両陛下。お二人の間に座るのが浜本勝行さん。左は礼宮さま（秋篠宮さま）、右は紀宮さま（黒田清子さん）（1981年５月／日本車いすバスケットボール連盟ポラリスの会提供）

車いすバスケットボールの日米親善試合のために来日した米国人選手らと記念撮影する両陛下。前列左から２人目が浜本さん（1981年５月／日本車いすバスケットボール連盟ポラリスの会提供）

してまわるなど苦労が続いた。

両陛下が米国の車いすバスケの選手たちと談笑する古いスナップ写真もある。1981（昭和56）年夏、連盟は米国選手を日本に招待し、親善大会を開いた。写真はその時のレセプションの一場面。両陛下は和やかに日米の選手たちと会話を楽しんだ。そして、ここにも浜本さんの姿がある。皇后さまは浜本さんを「浜ちゃん」と愛称で呼んでいた。

山崎さんは「両陛下が車いすバスケの試合を見る時はいつも、浜ちゃんが一緒だった」と振り返る。両陛下は車いすバスケを観戦中、反則の笛がピっと鳴ると「今の反則はなんですか」「解説してください」と浜本さんに尋ねた。ただ、両陛下の少し後ろに座る浜本さんの位置からは、反則内容があまり見えていない場合もあった。「熱心に聞かれるから、困っちゃうんだよ」。浜本さんはうれしそうに話していたという。

浜本さんが体調を崩して入院していた晩年、皇后さまから病院に見舞いの電話がかかってきた。衰弱していた浜本さんに代わって妻が電話に出ると、皇后さまは看病の大変さを気遣う言葉をかけたという。浜本さんが亡くなったあとの2008（平成

20）年10月には、車いすバスケを支える仲間たちが開いた「偲ぶ会」に足を運んだ。

皇太子ご夫妻時代、両陛下は車いすバスケの試合を何度も観戦した。元選手の星義輝《ほしよしてる》さんは「ファンとして選手に接し、試合を心から楽しんでおられた」と懐かしむ。両陛下は、障害者スポーツが珍しかった時代から、選手の名前やチーム名をよく知っていた。国際大会などに出場した選手たちを東宮御所に招いて懇談することもあった。星さんも何度も東宮御所を訪ねた。

「あいさつをして、最近の調子を報告して。またお会いしましたね、というような温かな雰囲気でした」

車いすバスケは現在、障害者スポーツの花形競技になった。「盛り上がっていく道のりを一緒に歩いてこられたように思う」と星さんは言う。

東京パラリンピックでさまざまな競技に触れた両陛下は、障害者スポーツの草創期を見守ってきた。1965（昭和40）年に岐阜県で開催された第1回全国身体障害者スポーツ大会（現在の全国障害者スポーツ大会）は、陛下が「パラリンピックのような大会を国内でも行ってもらいたい」と関係者に語ったことが後押ししたとされる。その後、各都道府県の持ち回りで開かれるようになった大会に足を運び続けた。回を重ねるごとに種目が増えていく大会で、さまざまな競技を観戦し、声援を送った。

さらなる発展を願って

即位の翌年、陛下は大会出席の活動を皇太子さまに譲った。そのため、1989（平成元）年9月に札幌市で開かれた第25回全国身体障害者スポーツ大会が、両陛下として最後の出席だった。開会式に臨んだ陛下は障害者スポーツのさらなる発展に期待を込め、こうあいさつした。

「岐阜県で行われた第1回大会以来、一昨年の沖縄県で行われた大会まで、毎回見守ってきた私には、その発展に深い感慨を覚えます。25年の歳月は、各地に障害者のスポーツに対する理解を育ててきました。この間、障害を持つ多くの人々が、スポーツを通じ、新たな人生を見いだしてこられたことと思われます。この大会が身体障害者の福祉に資する意義は大きく、大会を育ててきた関係者の尽力に対し、深く感謝しております。国民の間に、スポーツを楽しむ人々が増加している今日、障害者のスポーツに対する理解も、更に増進されなければならないと思います。今後とも、関係者の一層の努力を期待するものであります」

両陛下は、パラリンピックの選手を茶会や園遊会に招くなど障害者スポーツと関わり続けた。障害者スポーツの施設や競技用車いすのメーカーを見学することもあった。

2012（平成24）年12月、陛下は記者会見でパラリンピックでの日本人選手の活躍に触れ、「脊髄《せきずい》損傷者の治療として英国で始められた身体障害者スポーツが、今日ではすっかりスポーツとして認められるようになったことに感慨を覚えます」と述べている。宮内庁は2018（平成30）年3月、これまで障害者スポーツの大会にはなかった天皇杯や皇后杯を、車いすバスケの大会などに授与すると発表した。

同年5月、天皇杯を初めて冠した日本車いすバスケットボール選手権大会が、東京・調布市にある武蔵野の森総合スポーツプラザで開かれた。

「会場探しやお金集めに苦労していた時があったなんて嘘《うそ》みたいに立派な大会」

大入りの試合を観戦した山崎さんは、浜本さんと共に大会運営に奔走した日々を思い出した。

「天皇杯をいただくまでに成長して、心が震える思いです」

◆天皇杯、皇后杯が授与された障害者スポーツ（2018〔平成30〕年3月宮内庁発表）

・日本車いすバスケットボール選手権大会（優勝チームに天皇杯）
・日本女子車いすバスケットボール選手権大会（優勝チームに皇后杯）
・飯塚国際車いすテニス大会（男子シングルス優勝者に天皇杯、女子シングルス優勝者に皇后杯）
・全国車いす駅伝競走大会（優勝チームに天皇杯）

一つの心残り

瀬戸内海に浮かぶ未訪問の地

２０１５（平成27）年1月13日、皇居・御所の一室で、天皇、皇后両陛下は日本財団会長の笹川陽平《ささかわようへい》さんと語り合った。笹川さんは、ハンセン病への差別撤廃を訴える「グローバル・アピール」の東京開催を前に、ハンセン病を巡る各国の事情を説明していた。治療薬や世界の患者状況などが話題になった中、陛下のある言葉が印象に残る。

「一つ、心残りです」

一つとは、国内に14ある国立と私立のハンセン病療養所のうち、唯一、大島青松園（高松市）への訪問が実現していないことを指していた。

ハンセン病は細菌の感染症で、主に皮膚や末梢《まっしょう》神経が侵される。国の隔離政策が1907（明治40）年に始まった。戦後は完治する病気になったが、国は1996（平成8）年のらい予防法廃止まで強制隔離を続け、偏見や差別を助長した。日本財団は近年、差別撤廃を訴える声明「グローバル・アピール」を発表し、関連行事を開いている。

両陛下は皇太子ご夫妻時代の1968（昭和43）年4月、鹿児島県の奄美大島にある療養所「奄美和光園」を訪ねた。以降、地方の行事出席の機会を利用するなどして13カ所の療養所に出向いてきた。社会の強い差別意識を背景に、各地の療養所は集落から離れた場所に作られており、両陛下が行けなかった大島青松園は瀬戸内海の大島にある。

2004（平成16）年、第24回全国豊かな海づくり大会が香川県で開かれた機会に、両陛下は大島青松園の訪問を強く望んだという。だが、移動に使われた大型船は小さな島の港に入港できないなどの事情があり、かなわなかった。そのため、入所者たちが島から高松市街に出向き、両陛下と面会した。

全ての療養所の入所者との面会は実現した。しかし訪問していない施設がある。それを「心残り」と話す陛下に、笹川さんはハンセン病への理解と関心の深さを感じた。治療薬の歴史など、知識量の豊富さに驚いた。「グローバル・アピールに参加した各国の元患者たちに面会していただけませんか」と笹川さんが願い出ると、陛下は応じた。

たとえ島に上陸できなくとも

両陛下と笹川さんが会った2週間後の2015（平成27）年1月28日、グローバル・アピールのために東京に集った世界各地の元患者たちが御所に招かれた。その中に、2004（平成16）年に高松市街で両陛下と面会した大島青松園の入所者、森和男《もりかずお》さんもいた。両陛下と再会した森さんは、高松での思い出を語り合ったという。

高松で両陛下は、大島青松園の入所者が作った陶芸作品を見学するなどして交流した。その2日後には、海越しの交流もあった。

２００４（平成16）年10月4日、両陛下を乗せて瀬戸内海を走る高速船が速度を落とし、大島に近づいた。小豆島での行事から高松市街に戻る途中で、島に上陸できなくても、ぎりぎりまで近付きたいという両陛下の思いからだったという。島の桟橋には入所者らが集まり、日の丸の小旗や手を振った。船のデッキから、両陛下も手を振った。この時、大島で手を振る人たちの姿が見えなくなっても、船上の両陛下は手を振り続けていた。

森さんは「島にいらっしゃったかどうかは関係ない。家族や社会から追いやられた入所者を気にかけ、会いたいと思ってくださる。そのお気持ちがうれしかった」と振り返る。

皇室とハンセン病のかかわり

皇室とハンセン病のかかわりは深い。隔離政策が続いていた１９３１（昭和６）年、大正時代の貞明皇后の寄付金を元に「癩《らい》予防協会」が設立された。戦後、協会を引き継いだ団体の総裁には皇族が迎えられた。団体は、ハンセン病が治る時代になってからも隔離政策を推し進めた一面を持つ。厚生労働省の第三者機関「ハンセン病問題に関する検証会議」が2005（平成17）年にまとめた報告書は「ハンセン病患者は皇室の『仁慈』を顕在化させる恰好の対象とされた。しかし、その一方で、ハンセン病患者は皇室の権威を借りて排除された事実も指摘しなければならない」と記している。

両陛下はどのような思いで、ハンセン病の患者、元患者たちと交流していたのか。このような指摘を踏まえた胸の内を語ったことはない。ただ、初めて療養所を訪問した時からずっと、患者たちと目を合わせ、手を取り、言葉を交わす姿勢を貫いた。

沖縄愛楽園で生まれた「歌声の響」

強制隔離が続いていた1975（昭和50）年7月18日、沖縄県名護市のハンセン病療養所「沖縄愛楽園」を訪ねた皇太子ご夫妻時代の両陛下を知る人々が証言する。

「入所者の手をやさしく取って触れ合い、いたわりの声をかけておられた」。元職員の宮城《みやぎ》彦春《ひこはる》さんは、皇后さまが身につけていた白い手袋を外し、素手で交流していたことを覚えている。

別の元職員も、皇后さまとある入所者の女性とのやりとりを覚えている。皇后さまが「きれいなお着物ですね」と声をかけ、「これは八重山上布《やえやまじょうふ》と言います」と応じた女性は病で指を失っていた。皇后さまはその手を「ご苦労なさいましたね」と包み込んだ。元職員は「おばあは、感動で震えていました」と振り返る。女性は「この手は洗わない」「妃殿下が触ったからもったいない」と繰り返していたという。

両陛下は翌日に沖縄国際海洋博の開会式出席を控えており、この日は海洋博の会場を視察した。その後に愛楽園を訪ねたのは両陛下の希望だったという。職員の他、園内の学校の先生や児童、生徒たちとも交流した。

そして、帰ろうとする際、入所者からめでたいことを意味する船出歌「だんじょかれよし」の大合唱が起きたという。陛下はその光景を琉歌に詠み、園に贈った。園で民謡の節に乗せて歌われていると知った陛下が、皇后さまに作曲を勧め、さらに2番となる歌も詠んで誕生したのが、第一章でも紹介した2019（平成31）年の在位30年の記念式典で三浦大知さんによって披露された「歌声の響」だ。

両陛下の訪問後に同園に入った金城雅春《きんじょうまさはる》さんは先輩入所者たちの様子を「お酒を

飲んで楽しい気分になった時や、祝い事や祭りの時に明るく歌っていました」と話す。

1993(平成5)年4月24日、全国植樹祭のために沖縄入りした両陛下は、名護市を再訪し、行事の合間を縫って入所者らと懇談する時間を設けた。非公表の日程だった。再会した入所者の男性は「歌声の響」を大きな声で歌い出したという。金城さんは「両陛下は笑顔で聴いておられた」と振り返る。

自然な「ありがとう」の言葉

東京都東村山市のハンセン病療養所、多磨全生園の元園長で医師の成田稔《なりたみのる》さんには忘れられない場面がある。1991(平成3)年3月4日、両陛下が同園を訪問した時のことだ。両陛下を見送るため、園付属の看護学校の学生たちが施設の出入り口に集まった。

陛下は学生たちの前で立ち止まり、声をかけた。

「卒業したらどこで働くのですか」

国立療養所多磨全生園を訪問した両陛下。成田稔園長の案内で患者の機能訓練施設や老人センター病棟などを視察、入園者に声をかけて励ました（1991年3月）

◆天皇、皇后両陛下のハンセン病療養所訪問歴

1968(昭和43)年4月	奄美和光園（鹿児島）
1972(昭和47)年9月	星塚敬愛園（鹿児島）
1975(昭和50)年7月	沖縄愛楽園（沖縄）
1977(昭和52)年7月	多磨全生園（東京）
10月	松丘保養園（青森）
1987(昭和62)年8月	栗生楽泉園（群馬）
1991(平成3)年3月	多磨全生園（東京）
2003(平成15)年11月	奄美和光園（鹿児島）
2004(平成16)年1月	宮古南静園（沖縄）
10月	大島青松園（香川）※施設外で入所者と懇談
2005(平成17)年10月	長島愛生園（岡山）
10月	邑久光明園（岡山）
2010(平成22)年5月	駿河療養所（静岡）
5月	神山復生病院（静岡）
2013(平成25)年10月	菊池恵楓園（熊本）
2014(平成26)年7月	東北新生園（宮城）

ある女子学生が答えた。

「この園で働きます」

陛下は「ありがとう」とほほ笑み、小さく頭を下げた。

成田さんは「普通なら『頑張って』や『しっかり励んで』などの言葉でしょう。『ありがとう』という言葉はまるで、患者からの感謝の言葉のようでした」と話す。看護師の卵たちに「患者の気持ちになった看護」「当事者の立場から考えた看護」を理解させようと日々指導してきた成田さんにとって、陛下の「ありがとう」の言葉はあまりに自然で、驚きだった。


成田さんはそれ以来、戦没者慰霊の旅や被災地訪問を重ねる陛下の姿を見るたびに思うという。

「どんな苦難や悲しみも、自分のこととして受け止めておられるのでしょう」

天皇陛下を語る　～蒲島郁夫～

蒲島郁夫（かばしま・いくお）
1947年、熊本県稲田村（現・山鹿市）生まれ。農協などを経てハーバード大学大学院で博士号を取得。東京大学名誉教授。2008年の熊本県知事選で初当選して現在3期目。

――天皇、皇后両陛下は学者ら多くの有識者と親交があります。

駆け出しの政治学者だった筑波大学助教授のころからお会いしています。話題は時々のニュースや社会の出来事が多い。両陛下の社会への関心は強く、こんなにも日ごろから国民を愛しておられるのかと感銘を受けます。

――2013（平成25）年の全国豊かな海づくり大会の放流行事で水俣市を訪れた陛下は、水俣病患者と懇談し「真実に生きるということができる社会をみんなで作っていきたいと改めて思いました」と発言しました。

知事就任後に熊本県の状況について説明した際、質問が水俣病や患者の現状に集中したので、陛下のご関心の高さは前々から感じていました。

患者の方々との懇談での陛下の発言は、語り部の緒方正実《おがたまさみ》さんの「病気を隠さざるを得なかった」という体験を聴かれたうえでの心のこもったお言葉でした。

あまたなる人の患ひのもととなりし海にむかひて魚放ちけり

などと、水俣病に関する歌を3首も詠まれた。被害を長く思い続けるからこそのお言葉や歌は、水俣の人々の心に届きました。

——水俣の他、県内各地を陛下と巡りました。

熊本城で両陛下を出迎えた1人の高齢男性が倒れた時、陛下は救急車を優先するため自らの出発時間を遅らせ、侍医に診断を指示された。国民のためにとっさの判断を的確にされたことが強く印象に残ります。

——2016（平成28）年5月には熊本地震の被災地を見舞いました。

日帰りの強行日程の中、一秒も無駄にするまいと被災者を励ます両陛下の姿に県民は心打たれ、困難の中から立ち上がろうという気持ちになったようでした。その後もお会いする度に被災地について尋ねられる。社会的に弱い立場の人々に寄り添い続ける姿勢を改めて感じました。

——平成の時代の天皇は、どのような存在だったのでしょうか。

政治学者として言うならば、平成は経済が停滞し、災害が相次いだ「災後」の時代。その時代に両陛下がいらっしゃったのは幸せなことでした。陛下は平成最後の歌会始で阪神・淡路大震災の復興のシンボルとなったヒマワリを詠まれた。被災地を見捨てない、いたわりに満ちた思いの集大成のような歌です。

知事になり、両陛下は人々を元気にする心の支えだと改めて実感します。国民へのあふれる愛情は、しっかり伝わっていると思います。

コラム

皇室豆知識4

皇室と五輪

日本の地で初めて五輪が開催された1964（昭和39）年。名誉総裁を務めた昭和天皇は開会式や閉会式に出席し、バレーボールや陸上競技など、さまざまな競技を観戦した。

その後に開かれたパラリンピック東京大会の名誉総裁は、当時皇太子だった天皇陛下が務めた。

陛下は皇后さまと共に連日のように会場に足を運び、障害者スポーツの競技を観戦した。当時の日本社会はパラリンピック開催にあたり、「障害者を見世物にする」などの批判的な声もあったという。出場した須崎勝己《すざきかつみ》さんは「車いすで街に出れば奇異の目で見られる時代で病院や施設にこもりがちだった」と話す。日本代表選手のほとんどが、脊髄《せきずい》損傷などのため病院や施設で車いす生活を送っていた人々。海外選手との力の差は歴然で、車いすバスケットボールの試合では、相手チームからシュートのための花道をあけられたこともあったという。

１９６５（昭和40）年に発行された『パラリンピック東京大会報告書』には「名誉総裁をお引きうけ下さった皇太子殿下は妃殿下とともに、つねに率先して大会の進行に心をくばられ、パラリンピック大会の盛りあがりに尽力された」とある。両陛下は各会場を回り、各国の選手と交流した。さらに大会後、住まいの東宮御所に大会関係者を招き、

「外国の選手は非常に明るく、体力も勝っているように感じました。日本の選手が病院や施設にいる人が多かったのに反して、外国の選手は大部分が社会人であることを知り、外国のリハビリテーションが行きとどいていると思いました。日本では身体障害者の正確な数は把握されていないと聞いていますが、このような企てが行われたことは、身体障害者の方々に大きな光明を与えたことと思います」

とねぎらいの言葉をかけたという。

また、パラリンピック東京大会では外国語を通訳するボランティア「語学奉仕団」が大学生を中心に結成され、大会を支えた。語学奉仕団の団結式に出席した皇后さまは、「皆様の努力が、美しい実を結び、東京パラリンピックが若い工夫と、あたたかい心のゆきわたった大会になりますよう祈っております」とあいさつしたという。

第五章 ▼ 支え合って

国民を思う「同志」

2018（平成30）年11月9日、強い雨が降りしきる中で開かれた平成最後の園遊会で、天皇、皇后両陛下はぴったりと寄り添って一つの傘に入り、招待者たちに声をかけて回った。左右の肩がぬれるのもそのままに歩みを進めるお二人の姿は、さまざまなメディアで広がり、多くの人に深く印象を残した。

両陛下の旅に同行する取材では、お二人が手をつなぐ場面を幾度となく目にすることがある。

段差のある場所で皇后さまに手をさし伸べる陛下、陛下の服の襟元を直すような仕草をされる皇后さま、戦時中の教科書の展示を見ながら昔話で盛りあがる両陛下……。仲むつまじい姿を各地で見かけた。脚に痛みの出るときもある皇后さまを陛下が支えようと手を伸ばすこともある。高齢になった両陛下の体調は万全ではなく、日々皇居内をお二人で散策し、ゆっくりジョギングするなどして体調を整え、公務に臨んでいる。

被災地の見舞いでは、ぱっと自然に二手に分かれ、すみずみの被災者にまで声をかける姿があった。限られた時間の中で少しでも被災者と触れ合おうという同じ思いから、あうんの呼吸で動いているように見えた。陛下と皇后さまは「国民に寄り添う」という思いを同じくする、まさに「同志」なのだと実感する。

園遊会では、招待者の中に平昌《ピョンチャン》冬季パラリンピックのメダリストたちもいた。障害者スポーツを長年見守ってきただけに、選手たちの活躍を祝って、会話が弾んだ。「仲むつまじくて良いなと思いました。こういったお姿を目にするのが最後なのかと思うと、とてもさびしい」と感想を語った選手がいた。お二人が並んで歩んできた姿は、多くの人々の目に焼き付いている。

皇后さまが開いた「窓」

点譜連の誕生

2017（平成29）年7月1日、皇后さまは東京・高田馬場にある日本点字図書館を訪ねた。ロビーで出迎えたバイオリニスト、和波孝禧《わなみたかよし》さんに歩みよると、右手を取った。

「和波さん、美智子です。ごきげんよう」

和波さんは目が見えないため、皇后さまはいつも名乗ってから言葉をかける。図書館を訪れたのは、点訳した楽譜を共有する点字楽譜利用連絡会（点譜連）の集いに参加するためだった。出席した音楽家や点訳ボランティアらと同じパイプ椅子に座り、フルートやホルンの演奏、和波さんのトークに耳を傾けた。点譜連は、皇后さまの支

日本点字図書館で開かれた「点字楽譜利用連絡会（点譜連）」の集いに出席した皇后さま。左から２人目は日本点字図書館の田中徹二理事長、右は点譜連の加藤俊和副代表（2017年７月）

援をきっかけに誕生した組織。集いへの参加は皇后さまの希望だった。

皇后さまは1999（平成11）年8月、コンサート会場で度々会うなど親交のある和波さん夫妻を皇居・御所に招いた。和やかにピアノを練習した後の会話の中で、「私の著書の収益を点字楽譜の普及に役立てられないでしょうか」と提案したという。楽譜の点訳がボランティア頼りであることや、楽譜の共有が進んでいない現状を知っていたからだった。

しかし、当時は受け皿となる組織がなく、話はそのままになった。そして2004（平成16）年秋ごろ、今度は日本点字図書館の田中徹二《たなかてつじ》理事長を通じ、和波さんに同じ提案が届く。「なんとかしたいというお気持ちで、ずっと機会をうかがっていらっしゃったのだと思います。ご自分にできることをやり遂げるのだという強い意志を感じました」

和波さんは田中さんとともに、点訳ボランティアをする大小さまざまな団体や個人に連携を呼びかけた。翌年、点譜連を設立し、皇后さまからの寄付を受け取った。

和波さんが代表に就任すると、皇后さまから自宅に電話があった。「代表をやっていただけるんですね。お仕事もあって大変なのに、ありがとうございます」。和波さんはバイオリニストとしての活動と並行しながら、音楽家たちが共有できる点字楽譜を増やすための啓発を続けている。

共有する楽譜は2018（平成30）年時点で8000曲近くに上る。

できる支援をできる人がする

聖心女子大学時代の皇后さまを知る女性は「皇室に入る前から、自分の意思で奉仕活動や勉学に励んでおられた」と話す。できる支援をできる人がする、という奉仕の考えを共に学んだという。

「明るくてまじめ。ちゃめっ気のある学生さんでした」

1999（平成11）年11月、天皇陛下の即位10年にあわせた記者会見で、皇后さまは「果たすべき役割」を問われ、こう答えた。

「社会に生きる人々には、それぞれの立場に応じて役割が求められており、皇室の私どもには、行政に求められるものに比べ、より精神的な支援としての献身が求められているように感じます。役割は常に制約を伴い、私どもの社会との接触も、どうしても限られたものにはなりますが、その制約の中で、少しでも社会の諸問題への理解を深め、大切なことを継続的に見守り、心を寄せ続けていかなければならないのではないかと考えております。様々な事柄に関し、携わる人々と共に考え、よい方向を求めていくとともに、国民の叡知《えいち》がよい判断を下し、人々の意志がよきことを志向するよう常に祈り続けていらっしゃる陛下のおそばで、私もすべてがあるべき姿にあるよう祈りつつ、自分の分を果たしていきたいと考えています」

児童文学へのまなざし

皇后さまは、養蚕や日本赤十字社の名誉総裁など歴代皇后の役割を引き継ぐ一方、自身の関心に基づき活動の幅を広げてきた。お一人で障害者の作品展やコンサートなどに足を運ぶことも多い。

関心の一つに児童文学がある。幼いころから読書や詩に親しみ、聖心女子大学では英文学を学んだ。皇太子妃だった1975（昭和50）年からは、白百合女子大（東京都調布市）などで開かれている東京英詩朗読会に参加。英詩や日本の詩、御歌を英訳した作品を朗読している。

1980年代の終わりごろ、国際児童図書評議会（IBBY）日本支部から、まど・みちおさんの詩の英訳の依頼を受けた。1992（平成4）年に『THE ANIMALS「どうぶつたち」』として出版され、1994（平成6）年、まどさんは児童文学界のノーベル賞と評される「国際アンデルセン賞作家賞」を日本人として初めて受賞した。

皇后さまは2002（平成14）年9月、スイス・バーゼルで開かれたIBBY創立50周年記念大会に出席した。英語による約20分のスピーチで、幼いころの読書の感動を振り返り、世界各国から集った「子どもと本をつなぐ仕事」を手がける人々に語りかけた。

スイス・バーゼルで開かれた国際児童図書評議会（IBBY）の創立50周年記念大会に出席し、スピーチする皇后さま（2002年９月）

「貧困をはじめとする経済的、社会的な要因により、本ばかりか文字からすら遠ざけられている子どもたちや、紛争の地で日々を不安の中に過ごす子どもたちが、あまりにも多いことに胸を塞《ふた》がれます。会員の少なからぬ方々が、このことにつきすでに思いをめぐらせ、行動されていることを知り、心強く感じております。私たちはこの子どもたちの上にただ涙をおとし、彼らを可哀想な子どもとしてのみ捉えてはならないでしょう。多くの悲しみや苦しみを知り、これを生き延びて来た子どもたちが、彼らの明日の社会を、新たな叡智をもって導くことに希望をかけたいと思います」

　歴代皇后初の海外単独訪問だった。同席した東京都板橋区立美術館副館長の松岡《まつおか》希《き》代子《よこ》さんは、皇后さまがスピーチの冒頭で「Dear friends」と呼びかけたことが強く印象に残る。「一人のメンバーとして行動してくださっていると感じました。志を同じくする多くの人の励ましになりました」と話す。皇后さまは基調講演やパネル討論などを傍聴し、時間を惜しむように、参加者たちと意見を交わしたという。

こうした皇后さまの活動は、象徴天皇のあり方にもつながっていく。陛下は2009（平成21）年4月、結婚50年にあわせた記者会見で皇太子時代に詠んだ一首の和歌を紹介した。

語らひを重ねゆきつつ気がつきぬわれのこころに開きたる窓

続けて、「婚約内定後に詠んだ歌ですが、結婚によって開かれた窓から私は多くのものを吸収し、今日の自分を作っていったことを感じます。結婚50年を本当に感謝の気持ちで迎えます」と述べた。

皇后さまは陛下と共に公務に励みつつ、積極的に社会と関わる一人の女性としての生き方も示し続けた。

声を失って

皇太子妃、皇后としての葛藤と苦悩

　皇后さまは毎年、10月20日の誕生日に、宮内記者会の質問に答える形で一年を振り返る文書を公表する。視覚障害者の駅での転落事故に「悲しい事例の増えぬよう、努力していくことも大切」と言及するなど、災害や事件事故、スポーツなど話題は多岐にわたる。

　2017（平成29）年は国際NGO「核兵器廃絶国際キャンペーン（ICAN）」のノーベル平和賞受賞に触れた。「日本の立場は複雑」と前置きし、「長いながい年月にわたる広島、長崎の被爆者たちの努力により、核兵器の非人道性、恐るべき結果等にようやく世界の目が向けられたことには大きな意義があった」と記した。核兵器禁止条約を批准しない政府がICANと距離を取る中、平和のために活動する人々をたたえた。

誕生日の文書だけではなく、講演録や和歌集が国内外で出版されて高い評価を得るなど、言動は多くの人の関心の的になってきた。しかし、皇太子妃としての昭和の約30年と皇后としての平成の約30年について、元側近は「葛藤や苦悩の連続でいらっしゃったと思う」と話す。

その一つが1993（平成5）年に起きた週刊誌を中心とした「皇后バッシング」だった。

「昭和天皇が愛した自然林を皇后さまが丸坊主にした」

「深夜にインスタントラーメンを作ってくださいと言われる」

いくつもの虚偽情報が出回った。

国民との距離を近付けようと模索する天皇、皇后両陛下への反発が宮内庁内にもあった。

矛先は陛下よりも批判しやすい皇后さまに向かった。

そして、皇后さまは59歳を迎えたこの年の誕生日に倒れ、声が出づらくなった。文書回答で異例の反論をした直後で、原因は心労とみられた。文書回答にはこうつづっていた。

「どのような批判も、自分を省みるよすがとして耳を傾けねばと思います。今までに私の配慮が充分でなかったり、どのようなことでも、私の言葉が人を傷つけておりましたら、許して頂きたいと思います。しかし事実でない報道には、大きな悲しみと戸惑いを覚えます。批判の許されない社会であってはなりませんが、事実に基づかない批判が、繰り返し許される社会であって欲しくはありません。幾つかの事例についてだけでも、関係者の説明がなされ、人々の納得を得られれば幸せに思います」

当時の毎日新聞は「大きな驚き」として皇后さまが倒れたニュースを伝えている。

宮内庁は「手足のまひは見られないが、話すことができない」などと病状についてこの日三回の発表をした。

二十日午後零時二十九分
今朝は元気で庭を天皇陛下と紀宮さまと歩いた。皇居にお出かけの支度もすっかり済み、談話室で陛下と紀宮さまとお話し中に倒れた。折々、意識が遠のく様子だが、別条はない。問いかけに答えようとするが、言葉が出ない様子が見られるので、様子を拝見する。

同二時三十分
（侍医長の見解として）意識はすっかり回復されている。軽く食事もとり、四肢などのまひもまったく見られない。ただ、努力されるが言葉がお出しになれない。

同十時四十分

東大医学部神経内科、金沢一郎教授の診断では、普通に歩け、食事も普通にお取りになっている。言葉は出せないが、声は出せ、字も書ける。重大な脳障害によるものとは考えられない。一両日休養され、二十三日からの国体には出席できると思う。

（毎日新聞1993年10月21日付朝刊より一部抜粋）

皇后さまは当初の医師の見込み通りに回復せず、言葉が出づらい状態が続いた。香川県で開かれた国民体育大会（国体）には陛下お一人が出向いた。

温かな家族に囲まれて

ピアニストの舘野《たての》泉《いずみ》さんはこの年の末、両陛下の住まいだった赤坂御所（東京都港区）に招かれ、ピアノを演奏した。シベリウスなどフィンランドの作曲家の曲などを披露した。陛下や紀宮さま（黒田清子《さやこ》さん）と夕食を共にした際、声の出ない皇后さまが記したメモを陛下が読み上げて会話し、笑いも起きるだんらんがあったという。

陛下と紀宮さまが自然にサポートしていた。温かな家族に囲まれ、皇后さまはストレスを乗り越えていった。

皇后さまの言葉が共感を呼ぶ理由

２００９（平成21）年の結婚50年の記者会見で陛下は「たくさんの悲しいことや辛いことがあったと思いますが、よく耐えてくれたと思います」と述べた。そして「何でも二人で話し合えたことは幸せなことだったと思います。皇后はまじめなのですが、面白く楽しい面を持っており、私どもの生活に、いつも笑いがあったことを思い出します」と明かした。

皇后さまが心の葛藤を公に語ることはない。親しい交流を続ける女性も「愚痴一つおっしゃらない」という。ただ、１９９８（平成10）年9月にインドであったＩＢＢＹの国際大会で放映されたビデオ講演は、読書経験に胸の内を重ねるようだった。

「読書は、人生の全てが、決して単純でないことを教えてくれました。私たちは、複雑さに耐えて生きていかなければならないということ。人と人との関係においても。国と国との関係においても」

この講演内容は大きな反響を呼び、『橋をかける――子供時代の読書の思い出』として出版された。

なぜ皇后さまの発言は国民の共感を呼ぶのだろうか。

元側近は「困難な経験、立場上の制約を踏まえてつむぐ繊細で率直な言葉だからこそ、多くの人に響くのではないか」と話す。そして、機知に富むユーモアに、親しみやすさが感じられる。2018（平成30）年の誕生日に合わせた文書では、代替わりで公務を離れたら「いつか読みたいと思って求めたまま、手つかずになっていた本」を読みたいという願望を明かし、「読み出すとつい夢中になるため、これまで出来るだけ遠ざけていた探偵小説も、もう安心して手許に置けます。ジーヴスも2、3冊待機しています」とつづった。ジーヴスは、イギリスの作家、P・G・ウッドハウス

（1881～1975年）が生み出した探偵小説の主人公の執事の名前。ジーヴスの知名度は一気に上がり、売り切れる書店も相次いだ。

代替わり後は、誕生日に合わせた文書の公表は行われない見込み。皇后さまは国民に届ける最後の言葉を明るく締めくくった。

いつも二人で

休憩を惜しんで懇談

天皇陛下は即位後の早い時期に全都道府県を訪ねたいとの思いが強く、２００３（平成15）年までに全都道府県を巡った。２０１７（平成29）年には2巡目を果たした。社会への理解を深めるため遠隔地の旅も大切にし、55の島に足を運んだ。その隣にはいつも皇后さまがいた。

天皇、皇后の地方訪問は昭和時代からあったが、両陛下はそのスタイルに変化を加えた。例えば、訪問先での昼食は、第三者を交えないプライベートな時間から、知事や議長ら地元関係者を交えた会食の場とした。専属料理人の同行もなくした。沿道につめかけて出迎える人々に、どんな天候であっても車の窓を開けて手を振って応えた。各地で福祉施設や文化施設などに足を運ぶ際は、休憩のための部屋に施設の関係者を招いて懇談することも多い。元側近は「休憩する時間があるならば、多くの人と話して社会を知りたいというお気持ちが強かった」と振り返る。

お二人で積み重ねた地方訪問で、国民と同じ目線で交流する「平成流」が定着した。陛下の退位が決まってからも、積極的に国民の中に入っていく姿勢は変わらなかった。

退位に思いを巡らせる

そもそも、高齢となることで象徴の務めを十分に果たせなくなる心配があるとして、陛下が将来の退位について周囲に相談し始めたのは2010(平成22)年夏ごろのことだった。

退位の意向がにじむビデオメッセージを公表したのは2016(平成28)年8月8日。退位を実現する特例法が成立したのは2017(平成29)年6月9日。陛下は80

歳を過ぎても公務の量を大幅に減らすことなく、全身全霊で公務を続けた。沖縄へ、被災地へ、と集大成のように皇后さまと各地を旅した。2018（平成30）年12月、陛下は在位中最後となる記者会見で国民と皇后さまへの感謝の気持ちをこう語った。

「天皇としての旅を終えようとしている今、私はこれまで、象徴としての私の立場を受け入れ、私を支え続けてくれた多くの国民に衷心より感謝するとともに、自らも国民の一人であった皇后が、私の人生の旅に加わり、60年という長い年月、皇室と国民の双方への献身を、真心を持って果たしてきたことを、心から労《ねぎら》いたく思います」

退位が近づいた陛下は、心残りになっている場所を訪ねたいとの意向が強かったという。2017（平成29）年11月に足を運んだ鹿児島県の沖永良部島と与論島は、2012（平成24）年2月に訪問計画が進んでいたものの、陛下がこの時期に心臓バイパス手術を受けることになり、見送られた経緯があった。2018（平成30）年8月に出向いた北海道の利尻島は、2011（平成23）年に計画されたが東日本大震災のため取りやめになった場所だった。「迎える準備を進めてくれていた人々に会いたいとの思いを募らせていらっしゃった」と側近は言う。

利尻島では「ようこそ利尻島へ」と書かれた横断幕で島民が出迎えた。両陛下は特産のエゾバフンウニを養殖する「ウニ種苗生産センター」を見学し、原生林に囲まれたオタトマリ沼を散策。島で大切にされてきた自然や文化を堪能した。島を一周し、島民の姿を見つける度にスピードを落とした車の窓から手を振った。

見送った島民は「前に一度来られなくなり、退位も決まり、もう難しいかなと思っていました。天気に恵まれて、利尻富士も見ていただけたので本当に良かった。この日を楽しみにしていました」と話した。

もう一度沖縄へ

初夏を思わせるような陽気の沖縄・那覇空港。2018（平成30）年3月29日午後、日本最西端の与那国島を含む2泊3日の沖縄県訪問を終えた両陛下の姿があった。両陛下は見送る県民に手を振ってから空港ビルまで歩き始めたが、十数メートルの間に2度も振り返り、穏やかな表情でさらに手を振った。特別機に乗るとそろって窓際に座り、外の光景を見やっていた。

那覇空港で見送りの人に手を振る両陛下（2018年３月）

この旅は、沖縄に強い思いを寄せる陛下の希望で実現した11回目の沖縄だった。両陛下は到着するとすぐに糸満市の国立沖縄戦没者墓苑に向かい、犠牲者を慰霊するとともに平和を祈った。

ふ《フ》さ《サ》か《ケ》いゆ《ユ》る《ル》木草《キクサ》め《ミ》ぐ《グ》る《ル》戦跡《イクサアトゥ》く《ク》り《リ》返し《カイシ》返し《ガイシ》思ひ《ウムイ》か《カ》け《キ》て《ティ》

45頁の大城さんのインタビューでも紹介されたこの御製は陛下が沖縄を初めて訪問した1975（昭和50）年、戦跡を巡った気持ちを詠んだ琉歌だ。木や草が生い茂っている様子を表す「ふさかいゆる」など琉歌独特の古い言葉を使っている。この琉歌は戦没者を悼む「慰霊の日」である6月23日の前夜、沖縄平和祈念堂（糸満市）で開かれる前夜祭で歌い継がれている。前夜祭は全国から遺族が集い、琉歌は「瓦屋節《からやぶし》」とよばれる調べに乗せて歌われる。琉球古典音楽のさまざまな流派が合同で奏でる調べだ。

琉球古典音楽の人間国宝、照喜名朝一《てるきなちょういち》さんは1979（昭和54）年の第1回から「沖縄の伝統の調べを戦没者の魂や遺族に届けたい」と関わってきた。陛下の琉歌を「亡くなった沖縄の仲間を思って詠まれた温かい歌です。大事にしていきたい宝物」と話す。

沖縄在住の照喜名さんは、本土復帰10周年の1982（昭和57）年、皇太子だった陛下に東宮御所に招かれ伝統芸能を披露した。沖縄の人間国宝が集い、照喜名さんも出演した2014（平成26）年の東京・国立能楽堂での公演も陛下は鑑賞した。「楽しんで見ていただいたことが、励みになりました」と振り返る。「温かい心を沖縄に向け続けていただいた」と語る。

照喜名さんは、戦争で祖母と長兄を亡くしている。祖母の家が戦火で焼け落ちる光景が目に焼き付いているという。

「戦争を経験して天皇制に複雑な思いを抱く人もいるのでしょう。でも時代は変わりました。平和の象徴として在り続けられた陛下の思いを歌い継ぎたい」

見送りのために、与那国空港に集まった島民に手を振る両陛下（2018年3月）

両陛下を見送るため、横断幕を持って与那国空港に集まった島民たち（2018年３月）

と力を込める。陛下の退位に「感謝、親しみ、尊敬、さびしさ、いろんな思いが込み上げます」と話す。
両陛下が11回目の沖縄訪問を果たした日、歓迎する市民らが集う「提灯奉迎《ちょうちんほうげい》」の行事に加わった。

この沖縄訪問で両陛下は最西端の島・与那国島にも足を運んだ。島の漁港では、漁師たちが「遥か遠い日本最西端の漁協にお越しくださり誠にありがとうございます」と書いた手作りの横断幕を用意して出迎えた。両陛下は漁港にあがったクロカジキを見て、熱心に質問を重ねた。漁師の一人は「移動も楽じゃないご年齢ではるばる来てくださる。精いっぱいお迎えしようと横断幕を作った。感激している島民がたくさんいました」と振り返る。

退位が迫った2018（平成30）年は災害が相次いだ。7月に起きた西日本豪雨の見舞いでは、9月14日に岡山県、21日に愛媛、広島の両県へ。愛媛県西予《せいよ》市では、自宅が半壊した4人家族に「小さな子どもをよく守りましたね」と声をかけ、幼い子どもの手を握った。11月15日は、北海道胆振《いぶり》東部地震の被災地、厚真《あつま》町も訪ねた。被災者や遺族をいたわり、ボランティアには「長い活動になると思いますが、どうぞよろしく」と語りかけた。二手に分かれ、時間の許す限り集まった被災者らに声をかける両陛下の姿があった。被災者の一人は「一生お話することとなんてないと思っていた方から優しい言葉をもらいました。両陛下が見ていてくださると思うと、頑張ろうかなという気持ちになります」と話した。

全力で国民と向き合う両陛下は、多くの人々の心を動かした。それは、両陛下と触れ合った人々が語る敬愛や感謝の思いに満ちた言葉に表れる。

2019（平成31）年1月2日、皇居で行われた新年の一般参賀には、過去最高の15万4800人が詰めかけた。両陛下が宮殿のベランダから手を振るのは6回で終わる予定だったが、あまりの人出の多さに両陛下の姿を見られなかった人たちもいた。

それを知った両陛下は7回目を決行する。集まった人々の思いに応えるために「サプライズ」で登場した。

「皆さんとともに新年を祝うことを誠に喜ばしく思います。本年が少しでも多くの人々にとり、良い年となるよう願っています。年頭にあたり、我が国と世界の人々の安寧と幸せを祈ります」

陛下はあいさつし、皇后さまと共に笑顔で手を振った。集まった人々の間には、拍手とともに「ありがとうございました」という声が沸き起こっていた。

おわりに

2018（平成30）年12月20日、天皇陛下は在位中最後の記者会見で、何度も声を震わせた。涙こそ見せなかったが、込み上げる思いをおさえきれないようだった。

「沖縄の人々が耐え続けた犠牲に心を寄せていくとの私どもの思いは、これからも変わることはありません」

「平成が戦争のない時代として終わろうとしていることに、心から安堵しています」

ゆったりとした口調であるにもかかわらず、会見場だった皇居・宮殿の一室は張り詰めた空気に包まれていた。それは、国民と向き合い続けてきた陛下の「本気度」が記者たちに伝わったからだと私は思う。

あらゆる人々と全身全霊で向き合い続けてこられたからこそ、国民に届ける最後の言葉には静かな気迫があった。

私が皇室取材の担当になったのは2016（平成28）年1月。「天皇陛下、生前退位のご意向」というニュースが世に出る約半年前のことだった。代替わりという節目に偶然に担当として居合わせた記者であり、長年にわたって天皇、皇后両陛下を見つめ続けてきたわけではない。担当になった当初、各地で熱く歓迎される両陛下の人気ぶりをどこか不思議に感じていた。「天皇」や「皇室」は、自分が生きる世界とは無縁のように思っていたし、象徴天皇とはどういう意味なのかを深く考えることもなかった。私と同年代の30代、また、それより若い世代であれば、その感覚、そこに抱く感情はそれほど珍しいものではないと思う。

もやもやした気持ちのまま、担当記者として両陛下の歩みを振り返る取材が始まった。しかし、取材を続けるうちに、少しずつ変わっていった。

被災者や障害者への寄り添い、戦没者の慰霊など、お二人が大切に続けてこられた活動を知り、そこに込められた思いを理解しようと、交流した人々の証言を集める取材は、両陛下が人々をひきつける理由を徐々に理解する過程でもあったと思う。

本書では、両陛下に対する識者の論評や側近たちの解説よりも、直接ふれ合って心を動かされた人たちの証言を丁寧に伝えることを心がけた。それが、陛下が模索し続けられた象徴としての在り方や、両陛下が思案を重ねられた国民との距離の取り方に、読んだ人それぞれが思いを巡らせるきっかけになると考えたからだ。

「象徴として」にまとめることができた内容は、両陛下の歩みのほんの一端に過ぎない。それでも取材を終えた今、とことん国民と時代の動きを見つめてこられた両陛下の思いに触れることは、寛容な社会のあたたかさ、平和な時代への道のりの尊さ、自分がこれまで見過ごしてきた大事な何かに気付くきっかけになるのではないかと感じている。

本書に関する取材は、社会部で日ごろから皇室取材に携わる竹中拓実、高島博之、山田奈緒、稲垣衆史が担当した。本書をまとめるにあたっては、毎日新聞出版の久保田章子さんに尽力いただいた。

最後に、取材を受けて下さった全国各地の皆さまに改めて心から感謝いたします。

2019（平成31）年3月　毎日新聞社会部　**山田奈緒**

［参考文献］

・『皇太子同妃両殿下御歌集　ともしび』宮内庁東宮職編集／婦人画報社（1986年）
・『戦没船員の碑』財団法人戦没船員の碑建立会編（1973年）
・『フェスピック75』第1回極東・南太平洋身体障害者スポーツ大会実行委員会（1975年）
・『中村裕先生を偲ぶ』追悼集編集委員会編
・『第1回全国豊魚祭記念誌』大分県編（1981年）
・『第5回大分国際車いすマラソン大会　記念誌』大分国際車いすマラソン大会事務局編
・『パラリンピック東京大会報告書』財団法人国際身体障害者スポーツ大会運営委員会（1965年）

象徴《しょうちょう》として

天皇《てんのう》、皇后両陛下《こうごうりょうへいか》はなぜかくも国民《こくみん》に愛《あい》されたのか

印　刷　2019年4月5日
発　行　2019年4月20日
著　者　毎日新聞社会部《まいにちしんぶんしゃかいぶ》

発行人　黒川昭良
発行所　毎日新聞出版
〒102-0074
東京都千代田区九段南1-6-17　千代田会館5階
営業本部　03（6265）6941
図書第一編集部　03（6265）6745

印刷・製本　中央精版印刷

ISBN978-4-620-32582-8